攬華光

杭州市临平博物馆
二十周年文物集萃

杭州市临平博物馆 编

文物出版社

图书在版编目（CIP）数据

揽华光：杭州市临平博物馆二十周年文物集萃／杭州市临平博物馆编；吕芹主编；于秋娜副主编 . -- 北京：文物出版社，2023.12

ISBN 978-7-5010-8268-1

Ⅰ . ①揽 … Ⅱ . ①杭 … ②吕 … ③于 … Ⅲ . ①博物馆 - 历史文物 - 杭州 - 图集 Ⅳ . ① K872.551-64

中国国家版本馆 CIP 数据核字 (2023) 第 225140 号

揽华光——杭州市临平博物馆二十周年文物集萃

编　　者：杭州市临平博物馆

主　　编：吕　芹

副 主 编：于秋娜

责 任 编 辑：马晓雪

责 任 印 制：张　丽

封 面 设 计：嘉胜时代 & 尽心斋

版 式 设 计：嘉胜时代

出 版 发 行：文物出版社

社　　址：北京市东城区东直门北小街 2 号楼

邮　　编：100007

网　　址：http://www.wenwu.com

经　　销：新华书店

印　　刷：河北鹏润印刷有限公司

开　　本：889mm×1194mm　1/16

印　　张：11.75　　插页 1

版　　次：2023 年 12 月第 1 版

印　　次：2023 年 12 月第 1 次印刷

书　　号：ISBN 978-7-5010-8268-1

定　　价：280.00 元

《揽华光——杭州市临平博物馆二十周年文物集萃》
图录编辑委员会

主编

吕　芹

副主编

于秋娜

学术顾问

陆文宝

编委

张婉颖　严石涵　张　苏　黄衍鑫　季缘秋　胡晓鹿

文字统筹校对

张婉颖　季缘秋

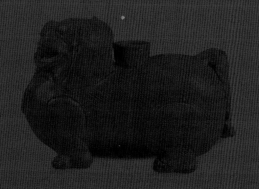

目录

序 言

2003 年 12 月，杭州市临平博物馆（前身为杭州市余杭博物馆），在"环山绕水秀江南"的临平成立，成为临平地方历史文化和江南水乡文化的展示和传播中心。2022 年 5 月，经过 3 年的改扩建，总建筑面积 21000 余平方米的杭州市临平博物馆换羽归来，现有"春风又绿——江南水乡文化"和"此地自古繁华——临平历史文化"两个基本陈列。

回首往昔，杭州市临平博物馆一直坚持提升文物保护利用和文化遗产保护传承水平，在藏品保护管理、展览展示和宣传教育等方面成果丰硕，曾荣获"全国青年文明号"、第六届全国十大精品陈列展览评选"最佳服务奖"、第二十届全国博物馆十大陈列展览"精品奖"等多项荣誉，是浙江省首批区县级"国家二级博物馆"。在积蓄成长中，博物馆为弘扬江南文化和地方文化作出了积极贡献。

藏品是博物馆的基础，杭州市临平博物馆目前馆藏玉器、陶瓷器、书画等各类文物近 3 万件。二十年间，我馆在接收考古出土、各方移交和捐赠文物的同时，通过拍卖会等多种途径征集临平地方历史与江南水乡文化相关的文化遗存，构建起了兼具地域历史记忆与江南水乡文化的特色馆藏体系。

今年，杭州市临平博物馆迎来了建馆二十周年，为了向公众汇报博物馆二十年的成长与发展，我们集中梳理了馆内新增藏品，编辑出版了《揽华光——杭州市临平博物馆二十周年文物集萃》。图录精选了馆藏玉器、陶瓷器、金器、书画等各类文物，时间范围涵盖了新石器时代到近现代，通过器物和书画两个篇章，从视觉上精准勾勒出每一件展品的样貌，解读了文物背后蕴藏的历史底蕴和文化内涵。

图录的出版发行，忠实记录了临平博物馆的成长足迹。眺望前路，临平博物馆将一如既往坚守初心，不忘使命，继续加强文物保护利用和文化遗产保护传承，提高文物研究阐释和展示传播水平，让文物真正"活"起来，肩负起文博人的使命与担当。

以此为序，矢志前行，云程发轫，踵事增华！

癸卯年冬
于临平

廿年之间揽芳华
——杭州市临平博物馆新增文物概述

张婉颖

一

杭州市临平区，处于亚热带季风气候区，温暖湿润，四季分明。它地跨钱塘江和杭嘉湖平原南端，西近京杭大运河，南邻钱塘江，上塘河横贯其中。中西部坐落有三座规模较大的山丘——临平山横卧中部，皋亭山与超山地处西南，绵延十余千米。境内整体地势低矮，平原区与六千年前钱塘江畔淤积的滩涂相连，平均海拔5—6米，土壤肥沃，水网密布，山川形胜，文脉绵长。

临平自然环境优越，五千年前已有先民在这片膏沃之地上繁衍生息。秦王政二十五年（前222），以故吴越地置会稽郡，并设钱唐、余杭两县，为临平境内建县之始。《三国志》引《吴录》记载，赤乌十二年（249）"宝鼎出临平湖"，东汉时期，"临平"这一地名始见于史籍。北宋端拱元年（988），临平建镇，至今已有一千多年历史。回望历史，作为京杭大运河南端重镇的临平，海塘修筑，缲丝制瓷，百业兴盛，车船喧嚣，市镇繁荣，以一方富饶的水土，孕育出底蕴丰厚的文化。

二

成立于2003年的杭州市临平博物馆（前身为杭州市余杭博物馆），在承担文保、考古等工作的同时，着力于研究、收藏、保护和阐释文物，聚焦长江下游文明史，深耕在地社会文化。自成立之初，博物馆便持续开展文物藏品的征集管理工作，截至2023年12月，临平博物馆新增藏品2万余件（套），合计收藏一级文物22件（套）、二级文物152件（套）、三级文物586件（套）。囊括陶瓷器、铜铁器、金银器、竹木漆器、牙角器、纸绢书画等多个种类，数量繁多、内涵丰富，在同类区县级博物馆中尤为突出。

考古发掘、采集移交、征集捐赠等都是临平博物馆新增文物的重要来源。近年来，随着考古工作与文物保护工作的普及与开展，深埋于临平地下的历史文化证物重现于世，省市文物考古研究所发掘出土的器物为临平博物馆收藏打下坚实基础。这批藏品的时代涵盖了旧石器时代到近现代，全面而系统。

新石器时代，临平地区最发达的文化时期就是良渚文化，目前区内已发现近20处不同规模和类型的良渚文化遗址。三亩里遗址与后头山遗址展示了良渚社会内涵丰富的文化面貌；茅山遗址发现的良渚文化晚期稻田是国内已知保存最好、结构最完整的新石器时代水稻田遗迹；玉架山遗址发现的环壕聚落，贯穿良渚文化文明千年兴衰，为我们研究良渚社会复杂性演化提供了新的佐证资料。此阶段重要的文物有三亩里遗址出土的玉梳背及玉璜、后头山遗址出土的玉管串、玉架山遗址出土的玉琮等。

商周至春秋战国时期，临平地区长期受到越文化影响。这一时期重要的文物有自临平山采集的特色印纹硬陶罐、原始瓷豆等。

秦汉一统，县治创建，水利兴修，人口增长，大量镜碗壶罐等生活用具在此发现。魏晋以降，北人南迁，荒地得到垦殖，人口经济有所发展，同时民族融合、佛教文化传入也使社会文化碰撞出新的火花，在出土文物中也可窥见胡风汉韵兼容并蓄的特点。这一阶段的新增馆藏文物大部分出自抢救性考古发掘的墓葬，其中以原始青瓷为大宗，主要有以青瓷扁壶、泡菜罐、陶壶等为代表的日常用器；以青瓷灶、陶猪圈、陶鸡、陶狗为代表的生活模型明器；以及以西晋青瓷堆塑罐、原始瓷麟趾金、戳印纹原始瓷璧为代表的专用明器。

隋唐五代，杭州初设，临平归属杭州，地方治理渐趋深入，尤其是盐业的兴办、临平湖的疏浚，促进了商业发展。两宋时期，江南地区成为全国的经济中心，南宋一朝，临平归入畿辅地区，政治上通达皇室政令，军事上拱卫京畿安全，成为南宋王朝的核心门户之一。元明清时期，临平蚕桑业大力发展，市镇经济兴盛。这一时期新增文物以瓷器、金银器为代表，宋代点彩瓷罐、明代青花瓷碗、明代超山墓出土的镂空葫芦形金耳坠、人物故事金发饰等藏品精美绝伦，成为临平商客云集、文化繁盛的实证。

临平自古江南佳丽地，诗画传承乡。宋代文人苏东坡、黄庭坚等来临平登山畅游；精于鉴识臻藏的著名清代经学家俞樾久居临平，将此视为第二故乡；近代书画大师吴昌硕一生酷爱超山，曾赋诗"十年不到香雪海，梅花忆我我忆梅"。这些文人雅士留下的传世笔墨，成为临平博物馆书画藏品的重要组成部分。馆内有超山吴

昌硕纪念馆移交的沙孟海、余任天等名家书画作品近百幅，乡贤捐赠的书画作品20余幅。其中吴昌硕纪念馆移交的一批海派书画精品，被鉴定为三级文物。另以潘天寿、吴茀之《墨梅图轴》，余任天草书轴为代表的书法作品广受观众喜爱，多次外出巡展。

自2003年以来，临平博物馆参与国内拍卖会10余次，并面向社会主动征集符合地方历史文化、展现江南水乡特色的藏品，先后收入浙海派名家书画、水乡特色服饰、地方世家地契账册等精品文物300余件（套）。与临平结缘深厚的海派书画作品是征集与拍卖的重点，所得精品以姚虞琴的书画为代表。姚虞琴，名瀛，字虞琴，临平亭趾人，久居上海，以诗画书法之长而驰名艺坛。曾作《珍帚斋诗画稿》等书，作品幽静秀润，尤以兰花见长。馆内经拍卖得来的姚虞琴书画有十余幅，极大地丰富了本土艺术家藏品量。

 三

藏品是博物馆的基础，作为文化传承的重要载体，承载着丰富的历史、艺术和科学信息，连接着过去与未来。二十年间，临平博物馆馆藏文物逐渐形成了独具特色的藏品体系。主要有以下几个显著特点：

来源可靠，流传有序。从新石器时代早期一直延续到当代，上下贯通，时间跨度达五千年之久，以新石器时代良渚文化、汉代、明代和民国的文物居多。各个历史时期的考古发现，尤其是百亩地遗址、余杭义桥工业园等墓葬群出土的明清瓷器，具有科学的断代意义。同时，我们立足时代责任，在充实现当代藏品的征集过程中，收入临平民俗文物以及当代非遗作品，使得临平文化的演进历程，通过流传有序的文物藏品得以呈现。

地域特色鲜明。新增文物在征集时注重在地性联系，本土文化与水乡文化兼顾，凸显临平本地特色。新增藏品中，涉及江南水乡文化的文物藏品就有 269 件，这些重点征集的特色文物之中，蕴含着作为江南名镇的临平，其本土先民的生活方式、礼仪习俗、宗法制度、审美观念、宗教信仰等，它们不是单纯的物质遗存，更凝聚了厚重的临平历史文化。如汉六朝墓葬出土的成套系统随葬品，能够整体复原历史时期地域生活的原貌，展现临平先民的特色文化余韵，极大地增强了本地公众对临平博物馆的认可度，凸显了博物馆对地方、对明天的历史责任。

数量丰富、品质较高。在较为完备的藏品征集体系下，新增文物数量得到大大丰富，种类几乎涵盖了所有的 35 个文物类别。藏品尤以钱币、玉器、书法绘画为多，又以良渚文化玉器、小横山画像砖与馆藏书画最具特色且质量最高。馆内收藏的大量良渚文化玉器精品是良渚文明礼制的物质载体，类型丰富，制作精良，体现着良渚社会高度一致的精神信仰，在中国史前玉器中独树一帜。小横山墓葬群是国内目前仅有的几处六朝画像砖集中发现出土地之一，这些画像砖从墓门延伸到墓壁，由单幅到多砖拼合，从线雕到高浮雕，组合形式多样，发展演变有序，技法飘逸高超，兼具美学价值与历史价值。馆藏书画名品更是数量颇丰，上自清末，下至现代，浙派、海派名家兼有，题材涵盖人物、花鸟、山水等，或工笔，或写意，或墨书潇洒，异彩纷呈，无不给人以美的享受。

四

文物是弘扬和传承中华优秀传统文化的生动教材，但因为岁月洗礼，不可避免地会呈现出脆弱、易坏的状态。临平博物馆针对新增文物藏品开展了一系列保护，实现管理与保护利用并举。

一是注重管理，在接收文物藏品后分类建档立档，按计划与批次定期对新增文物进行定级工作。通过对文物管理，明确文物的历史朝代和地理区域，为下一步开展文物的保护利用工作提供更多的科学支持。自 2022 年以来，更是创新研发文物"指纹"应用，通过微痕比对及图像算法训练，解决藏品全流程管理过程中同一性认定的行业痛点，提升馆藏文物安全智慧监管水平，让文物能够更顺畅无忧地"活"起来。

二是加强保护利用，积极开展藏品保护、学术研究、陈列展览等工作，使文物藏品焕发新的活力。与浙江大学、浙江省文物考古研究所等合作开展馆藏木漆器科技保护项目、江南文化历史文献数据库项目，做好藏品基础保护与整理工作。积极活化文物展示方式，面向公众诠释文物内涵，自 2003 年开馆至今，博物馆共举办展览 200 余次。深挖文物内涵，通过对馆藏新增文物的深入研究，出版书籍专著 20 余本，在提供公共文化服务、满足人民精神文化生活需求方面发挥着重要作用。

五

临平自古明秀，水陆通衢。临平文物，是古代临平人民智慧的结晶，是其所创造的光辉灿烂的历史文化之实物遗存，蕴藏着千年之久的风土人情和审美。

新时代新征程，杭州市临平博物馆将笃行不怠，积极参与到"让收藏在博物馆里的文物、陈列在广阔大地上的遗产、书写在古籍里的文字都活起来"的实践中，让文物不再藏于"深闺"，而是作为公众与历史文化联结的桥梁，绽放出熠熠华光。

器·物·篇

一

新石器时代　良渚文化玉龙首饰

2006 年 5 月出土于临平星桥后头山
直径 1.4 厘米，孔径 0.4 厘米，厚 0.6 厘米

鸡骨白色。圆环形，以外侧面为正面，浮雕龙首，龙的眼、鼻、耳突出，形象生动。与圆环的整体造型构成首尾相衔龙的形态。这种龙首纹的形象，是崧泽文化晚期和良渚文化早期太湖流域的一种崇拜主题。

背视

俯视

新石器时代　良渚文化刻纹玉三叉形器

2004 年 12 月出土于临平小林万陈村
高 4.8 厘米，宽 7.2 厘米，厚 0.9 厘米

白色，器表受沁较严重。上端三叉平齐，
下端圆弧。正面为稍弧凸的平整面，背面
三叉的上端和下端的正中部均有凸块，每
凸块上皆有一个上下贯通的对钻小圆孔。
正面图像整体以正中的兽面纹眼睛为中心，
两侧再刻划不完全对称的纹样。

正视

新石器时代　良渚文化玉锥形器

2004 年 12 月出土于临平小林万陈村
长 6.1 厘米，直径最大 0.7 厘米

鸡骨白色，稍有沁蚀，素面，光泽感好。
下端为小短榫，并对钻小孔，钻孔方向与
横截面平行。

新石器时代　良渚文化獠牙形玉坠饰

2005 年 1 月出土于临平小林万陈村
长 4.7 厘米，宽 1.1 厘米，厚 0.2 厘米

透闪石，青灰色。呈獠牙形，素面。
上部有钻孔，抛光良好，润泽平滑。

新石器时代　良渚文化玉玦

2004 年 8 月出土于临平星桥后头山
直径 2.2—2.7 厘米，孔径 1.4 厘米，
厚 1.2 厘米

鸡骨白色，微沁蚀。圆环状，有一玦口，
孔径与边宽相近，整器较厚。表面琢
磨光滑润亮，玦内外边缘磨圆。

新石器时代　良渚文化玉玦

2005 年 5 月出土于临平小林万陈村
直径 4.5 厘米，孔径 1.7 厘米，厚 0.5 厘米

透闪石，多灰白色筋斑。扁平圆形，中有
一对钻圆孔，制作规整，表面光滑。

新石器时代　良渚文化玉玦

2005 年 5 月出土于临平小林万陈村
外径 4.7 厘米，孔径 1.7 厘米，厚 0.5 厘米

透闪石，南瓜黄夹青色，沁蚀严重。环形，
玦口较窄，孔径与边宽相近，横截面近长
方形。

正视

背视

新石器时代 良渚文化玉环

2005 年 5 月出土于临平小林万陈村
直径 3.4 厘米，孔径 1.7 厘米，厚 0.5 厘米

南瓜黄。器呈扁薄圆形，中部对钻有一圆孔，
孔壁留有细旋纹，外圆不甚规整，厚薄不均。
器表磨制光亮。

新石器时代 良渚文化玉环

2005 年 4 月出土于临平小林万陈村
外径 7.9 厘米，内径 6 厘米，厚 1.2 厘米

透闪石，表面多灰白色沁斑。整体呈环状，
器体较圆润，抛光良好，器身光滑平整。

新石器时代　良渚文化玉环

2004 年 12 月出土于临平小林万陈村
直径 7.4 厘米，孔径 5.5 厘米，厚 1.6 厘米

透闪石，表面多灰白色沁斑。剖面呈半圆形，
器体较圆润，钻孔处有两处旋切痕迹，抛光
良好，器身光滑平整。

新石器时代　良渚文化玉镯

2004 年 12 月出土于临平小林万陈村
直径 7.3 厘米，孔径 6 厘米，高 3.7 厘米

青灰色，素面，微沁蚀。筒形，整体呈环状，不甚规整，器体较厚实，器身光滑平整，润泽平滑。

新石器时代　良渚文化玉镯

2005 年 5 月出土于临平小林万陈村
外径 9.4 厘米，内径 5.6 厘米，厚 1.3 厘米

青灰色，有灰白色筋斑。直筒圆形，圆孔
对钻而成，痕迹明显。外缘厚薄均匀，较
圆整，器表平素磨光。

新石器时代　良渚文化玉镯

2005年1月出土于临平小林万陈村
外径7.5厘米，内径5.4厘米，厚1.8厘米

青灰色。有料缺，边缘微磕。整体呈环状，
抛光良好，器身光滑平整。

新石器时代　良渚文化玉瑗

2005 年 9 月出土于临平小林万陈村
直径 14 厘米，孔径 6.1 厘米，厚 1.1 厘米

青灰色，边缘有沁蚀。磨制，体呈圆片状，
中央有单面钻成的圆形好孔，肉部窄。通
体磨光。

新石器时代　良渚文化玉璧

2005 年 5 月出土于临平小林万陈村
直径 21.1 厘米，孔径 3.5 厘米，厚 1.3 厘米

青灰色。中有对钻孔，边缘有一磕缺，表面
布满凹点，器物较为完整。

新石器时代　良渚文化玉璜

2006 年 5 月出土于临平星桥后头山
弦长 12.6 厘米，径长 5.3 厘米

鸡骨白色。边缘有缺。器形近似半
圆形，内径明显小于边宽，器身较宽，
两端各有一穿孔。器表抛光，莹润
光洁。

新石器时代　良渚文化玉璜

2005 年 5 月出土于临平小林万陈村
弦长 9.7 厘米，厚 0.5 厘米

青灰色，有沁蚀。整体呈弧形，两端
各有一穿孔。器表打磨光滑。两端稍宽，
中部稍窄。

新石器时代　良渚文化玉璜

2004 年 12 月出土于临平小林万陈村
弦长 6.6 厘米，径长 2.9 厘米，厚 0.4 厘米

青白色，边缘有沁蚀。器形近似半圆形，
内径明显小于边宽，较为扁平。两端平齐，
除各有一穿孔外，还各有一凹口，器表打
磨光滑。

新石器时代　良渚文化玉圆牌饰

2005 年 5 月出土于临平小林万陈村

直径 3.8 厘米，孔径 0.6 厘米，厚 0.6 厘米

灰白色。整器为扁平的圆饼形，中有一对
钻孔，上方还有一小孔。整器细腻精致，
打磨良好，光滑平整，较为通透。从反山
及瑶山遗址的出土情况来看，玉圆牌一般
与玉璜共存，往往出土于墓主的胸腹部位，
可能为标志身份和职能的装束性法器。

新石器时代　良渚文化冠状玉梳背

2004 年 8 月出土于临平星桥后头山
高 2.8 厘米，宽 6.4 厘米，厚 0.4 厘米

鸡骨白色，受到沁蚀。器形为规整的扁平体，顶端略宽，平面呈倒梯形。顶端的中段有凹缺，其中心有尖状凸起。上端中部有一孔，下端出榫，榫上有两个对称穿孔，应为镶嵌于某物顶部的饰物。表面抛光，打磨光滑。

新石器时代　良渚文化冠状玉梳背

出土于临平星桥后头山
长 2.5 厘米，宽 2 厘米

鸡骨白色，受到沁蚀。平面大致呈长方形，顶部有两个凹缺，下端有两个穿孔，器形规整，打磨光滑。

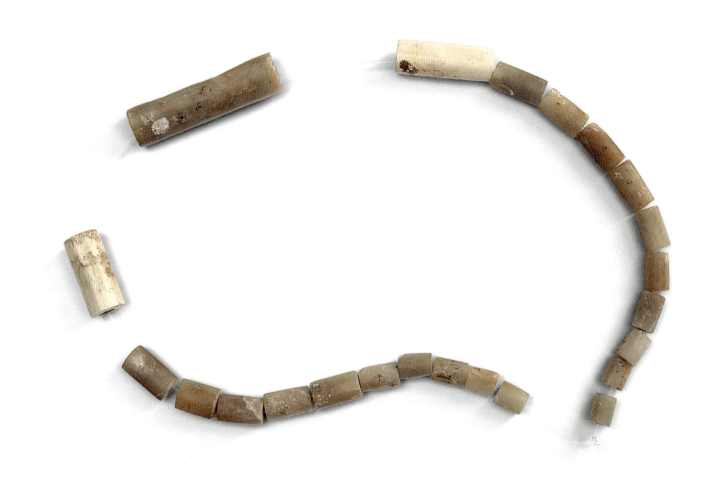

新石器时代　良渚文化玉管串

2006 年 5 月出土于临平星桥后头山
最大：长 5.2 厘米，直径 1.3 厘米
最小：长 0.9 厘米，直径 0.4 厘米

青白色，微沁蚀。组串共二十三节，
大小不一。对钻孔，管端面有切割
痕迹。

新石器时代　良渚文化玉管串

2005 年 5 月出土于临平小林万陈村
长 1.5—2 厘米，直径 0.7—1 厘米

青白色。组串有六节，大小不一。

新石器时代 良渚文化叶脉纹泥质陶异形盉

2005 年 8 月出土于临平小林万陈村
通高 24.3 厘米，口径 4.7 厘米，腹径 17.6 厘米，
底径 10.7 厘米

泥质灰陶。造型奇特，有如葫芦，鼓腹，在扁球
状的器身上加封高耸的粗颈，顶端为略凹的封口，
器身一侧有一大流口，器底为假圈足平底。器身
上有叶脉纹，流口上三面各有两个穿孔，似可系
线加封盖。

新石器时代　良渚文化夹砂陶过滤器

2005 年出土于临平小林万陈村
高 8.7 厘米，滤口 7.5—14 厘米

夹砂红陶。过滤器由两个敞口碗形器错
叠相连、相通，上部的陶碗较小，底部
有小孔，下部陶碗较大，底部实心，圈
足微外撇。这是一种用来过滤流质物的
生活用具。

新石器时代 良渚文化镂孔泥质陶豆

2004 年 8 月出土于临平小林万陈村
高 17.6 厘米，口径 17.4 厘米，底径 12.6 厘米

泥质黑陶。敛口，浅盘，豆柄细高，柄部有多
个镂孔，圈足外撇。

新石器时代　良渚文化泥质陶罐

2004 年 11 月出土于临平小林万陈村
高 11.5 厘米，口径 9.1 厘米，腹径 14.6 厘米，
底径 8.8 厘米

泥质灰陶。微侈口，圆肩，鼓腹，腹最大径位
于上部，平底。

新石器时代　良渚文化泥质陶圈足小碗

2007 年 7 月出土于临平小林
高 5.8 厘米，口径 6.9 厘米，底径 3.1 厘米

泥质黑皮陶。深腹形碗，口沿上密布带齿纹，
腹中段一道凸弦纹，圈足短小。整器制作较
精细。

新石器时代 良渚文化泥质陶带盖豆

2007 年 7 月出土于临平小林
通高 19.6 厘米，盖高 8.3 厘米，豆高 11.3 厘米，
口径 19.6 厘米，圈足径 13.2 厘米

泥质黑皮陶，豆盖为覆盆形，盖纽为敞口盆形，
豆盘为浅盆状。平唇，口沿上对称置四个小鋬，
小鋬上各钻有一对小孔，豆盘略弧，呈垂棱状，
喇叭形圈足。

新石器时代　良渚文化泥质陶敞口圈足杯

2007 年 7 月出土于临平小林
高 6.6 厘米，口径 10.3 厘米，底径 5.5 厘米

泥质黑皮陶。大敞口，平唇，斜腹，底部与
圈足相接处外折然后内收，小圈足。腹上刻
划粗疏网格纹。整器制作较精细。

新石器时代　良渚文化条纹夹砂灰陶高圈足杯

2005 年 4 月出土于临平小林万陈村
高 11.5 厘米，口径 12 厘米，底径 9 厘米

夹砂灰陶。敞口，斜平唇，斜腹内收，杯底下接
外撇喇叭状圈足。杯身上刻饰排列规律的箆齿纹，
杯底与圈足相接处饰堆纹。

新石器时代　良渚文化泥质陶宽把杯

2007 年 7 月出土于临平小林
高 12.8 厘米，圈足径 6.1 厘米

泥质黑皮陶，大都剥落。流口已残。小
敞口，大流口微翘，细短颈，腹略弧鼓，
下接圈足，在器身一侧从颈部到腹下端
置一大宽把，把上部钻一对小孔。

新石器时代　良渚文化泥质陶罐

2005 年 4 月出土于临平小林万陈村

高 9.9 厘米，口径 7.8 厘米，腹径 14.6 厘米，
底径 7.4 厘米

泥质灰陶，胎质细腻。日用器。侈口，溜肩，
鼓腹，腹最大径位于中部，饰凸弦纹，平底。

新石器时代　良渚文化 "T" 形足夹砂陶鼎

2005 年 4 月出土于临平小林万陈村
高 14.3 厘米，口径 18.8 厘米，腹径 16 厘米，
足高 7.8 厘米

夹砂红陶。侈口，鼓腹，三个扁侧足，为 "T" 形，
足面刻有竖向的线条。

新石器时代　良渚文化鱼鳍形足夹砂陶鼎

2004 年 12 月出土于临平小林万陈村
高 12.4 厘米，口径 11.7 厘米，腹径 13 厘米，
足高 7.5 厘米

夹砂红陶。敞口，口沿外折，鼓腹，圜底，
底部有三个鱼鳍状足，足上有多道竖线，微
外撇。

新石器时代 良渚文化夹砂陶甑鼎

2005 年 8 月出土于临平小林万陈村
鼎：高 11.3 厘米，口径 10.6 厘米，腹径 9.7 厘米，
　　足高 5 厘米
甑：高 5 厘米，口径 10.3 厘米，底孔径 4.7 厘米

夹砂红陶。上部为甑，侈口，斜腹缓收，器底空心。
下部为鼎，敞口，口沿外折，鼓腹，圜底，下有三
个外撇锥状鼎足。

新石器时代 良渚文化夹砂陶甑鼎

2005年8月出土于临平小林万陈村
鼎：高15厘米，腹径13.7厘米，口径10.8厘米
甑：高8.6厘米，口径10.3厘米，底孔径5厘米

夹砂红陶。上部为甑，侈口，斜腹缓收，器底空心。
下部为鼎，敞口，口沿外折，鼓腹，圜底，底部三
个鱼鳍状鼎足微微外撇，足上有戳点纹。

新石器时代　良渚文化夹砂陶甑鼎

2005 年 5 月出土于临平小林万陈村

鼎：高 13.8 厘米，口径 14.6 厘米，腹径 12 厘米，
　　足高 6.8 厘米

甑：高 6.7 厘米，口径 13 厘米，腹径 14.5 厘米

夹砂红陶。古代炊具。上部为甑，可以盛放食物。
敞口，口沿外折，斜腹，器身有两个把，底部有五
个透蒸汽的孔。下部为鼎，用以煮水。敞口，口沿
外折，鼓腹，圜底。下有三个外撇鼎足，器身有使
用过的痕迹。

新石器时代　良渚文化泥质陶异形豆

2005 年 5 月出土于临平小林万陈村

高 23 厘米，口径 11.8 厘米，底径 12.5 厘米

泥质灰陶，口沿上等距置三个小墨，上各有三个小孔，斜直颈，短溜肩，折腹并有二道凸弦纹弧收腹，下接细长把，把上有十道凹弦纹，在第九道凹弦纹上钻有四个小孔，长把下接半球状大圈足。

新石器时代　良渚文化泥质陶双鼻壶

出土于临平小林万陈村
高 9.5 厘米，口径 7.3 厘米，腹径 9.7 厘米，
底径 6.3 厘米

泥质灰陶。日用器。直口，口沿两侧有对称的双鼻，短颈，溜肩，鼓腹，腹最大径位于中部，假圈足。

新石器时代　良渚文化石钺

2005 年 1 月出土于临平小林万陈村
长 8.5 厘米，宽 6 厘米，厚 0.5 厘米，
孔径 0.6 厘米

灰色。器形粗犷，整体似梯形，钺上端有损，呈斜弧状，有一对钻孔，刃部有损。

马桥文化半月形双孔石刀

2007年6月出土于余杭义桥工业城
长10.8厘米，宽3.2厘米，厚0.7厘米

半月形，弧背，直刃，刃部双面磨出，
有刃线，近弧背处有两圆形钻孔。

西周　原始瓷直口豆

2005 年 9 月出土于临平小林万陈村
高 8.4 厘米，口径 15.1 厘米，足径 6.9 厘米

内外施青釉，胎体较厚，胎质疏松，胎色浅灰。
方圆唇，直口，口沿饰数道凹弦纹，折腹，短
柄，足跟外撇，喇叭形圈足，圈足底部露胎，
足内侧素面。盘较浅，盘内饰同心圆弦纹，及
围绕同心圆弦纹排列的数个内饰弦纹的三角
形戳印纹。

西周　组合纹印纹硬陶罐

2005 年 6 月出土于临平小林万陈村
高 15.8 厘米，口径 14.4 厘米，腹径 21.2 厘米，底径 13.1 厘米

印纹硬陶。敞口，圆唇，短束颈，鼓肩，弧腹，泥饼状底。颈部饰有数周粗弦纹，器身上半部饰有折线纹，下半部饰回字纹。

战国　青铜剑

2008 年出土于余杭苕溪
长 52.5 厘米，刃宽 4.6 厘米

剑呈黑色，剑身扁平，双面开刃，刃部
锋利，上端略收，尖锋。短茎，长锷，
圆剑首，剑格处花纹原镶嵌绿松石。剑格、
剑茎上的两道剑箍均有精美纹饰。剑身
冶铸精良，保存完好，具有典型的江南
越式青铜剑特征。

战国 青铜剑

2008 年出土于余杭苕溪
长 46.5 厘米，刃宽 4.3 厘米

剑呈铜褐色，剑身扁平，双面开刃，刃部锋利，上端略收。尖锋，剑格呈倒凹字形，实圆茎，上设二道箍，素面，圆首。为典型战国青铜剑。

矛

一号戈

二号戈

三号戈

镦

战国 玉石三戈戟

征集

矛：长 22.4 厘米，宽 4.85 厘米

一号戈：三穿戈，通长 22.7 厘米（援长 15.5 厘米、
内长 7.2 厘米），胡长 10.2 厘米

二号戈：三穿戈，援长 13.3 厘米，胡长 10.3 厘米

三号戈：二穿戈，援长 12.1 厘米，胡长 6.9 厘米

镦：长 11.4 厘米，直径 2.2 厘米

三戈戟，分矛（刺）、戈、镦三部分。矛和戈上刻有
精美的鸟篆铭文，矛上两组铭文均为"戉（越）丩（句）
王"，三号戈上铭文为"戉（越）王句州"。矛柄部、
一号戈的内部及镦的上端装饰云雷纹。

西汉 原始瓷戳印点纹璧

2012 年出土于余杭中泰街道百亩地村
直径 14 厘米，孔径 5.2 厘米，厚 1.3 厘米

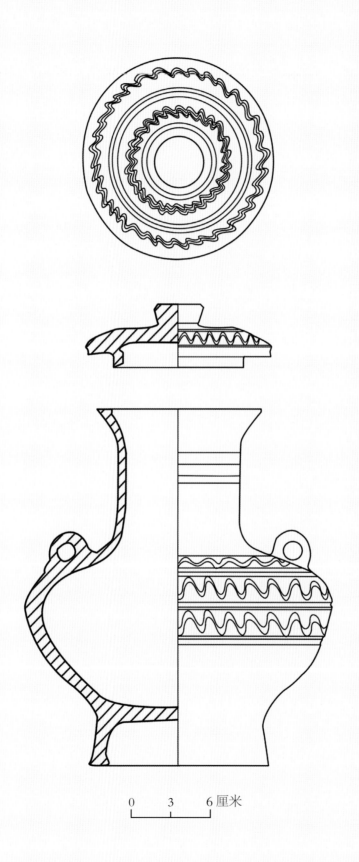

0   3   6厘米

西汉　原始瓷带盖壶

2012 年出土于余杭中泰街道百亩地村
通高 29.5 厘米，口径 12 厘米，腹径 21.3 厘米，
足径 13.3 厘米

礼器。弧面顶盖，短柱形捉纽，盖面上饰三组弦
纹和两组水波纹。壶作敞口，颈粗而略长，斜肩
上安双耳，扁鼓腹，高圈足外撇。肩、腹部饰弦
纹和水波纹。

西汉　原始瓷耳杯

2012 年出土于余杭中泰街道百亩地村
高 5.5 厘米，口长 12.3 厘米，口宽 12 厘米

日用器。一对，平面呈椭圆形，执耳上翘，平底。

西汉　编织纹陶罍

2012 年出土于余杭中泰街道百亩地村
高 64 厘米，口径 26.5 厘米，腹径 73 厘米，
底径 27 厘米

盛储器。侈口，宽斜沿，宽弧肩，圆鼓腹，平底。通体拍印编织纹。罍是汉墓随葬品中的基本组合之一，器表拍印的编织纹几乎流行整个西汉时期，王莽时期至东汉初期出现梳状纹，至东汉中期演变为块状斜方格纹，继而向窗帘纹、方格填线纹发展。

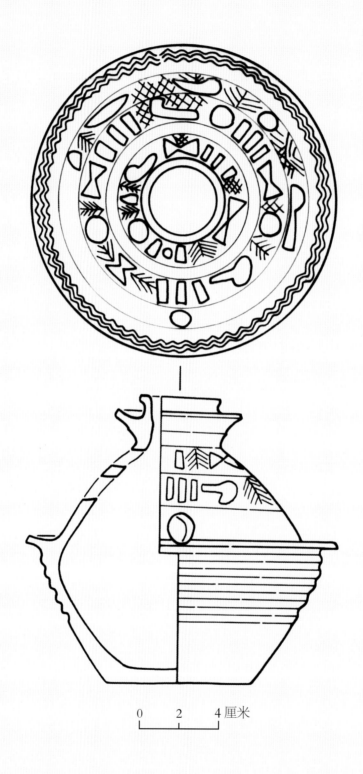

0   2   4厘米

西汉　原始瓷盆式熏炉

2012 年出土于余杭中泰街道百亩地村
高 15 厘米，口径 4 厘米，底径 8.3 厘米

日用器。整体呈盆形，小直口下出沿，斜弧肩上设有三层熏孔，孔型有条状、三角形、圆形三种。腰部宽沿，腹壁斜收，平底。

西汉　原始瓷带盖鼎

2007 年 6 月出土于余杭义桥工业城
通高 19.8 厘米，口径 15.2 厘米，足径 12 厘米

礼器。弧面顶盖上立三个锺形纽。鼎为子母口，
有两个波浪纹的高立耳，腹微鼓，底边沿附三个
蹄形足。

西汉　双铺首原始瓷瓿

2007 年 7 月出土于余杭义桥工业城
通高 19.6 厘米，口径 9.8 厘米，底径 15 厘米

礼器。平沿，微敞，斜肩上安两个篦纹铺首，
扁鼓腹，平底微凹。肩部饰多道弦纹和水波纹。
腹部以上见釉，现已脱落。

西汉　锥点纹原始瓷双耳罐

2007 年出土于余杭义桥工业城
通高 24 厘米，口径 11.3 厘米，腹径 32 厘米，
底径 18 厘米

日用器。直口，广肩上安双耳，平底。陶索形耳，
肩部饰三组弦纹，其间饰箭头形锥点纹。"叶脉
纹""带鬼眼的叶脉纹""双目式叶脉纹"等，
是对器物耳面纹饰的常见描述，但此类纹饰实则
是绳子的编织形状和绳索头的简化，该陶索纹耳
为此类纹饰的发展提供了源头。

西汉　原始瓷模印纹饰麟趾金

2007 年出土于余杭义桥工业城
直径 5.3 厘米，高 2.2 厘米

冥币。圆饼形，低弧背，平底。背上模印对称的纹饰。

王莽时期　双耳原始瓷敞口壶

2007 年 7 月出土于余杭义桥工业城
高 21.7 厘米，口径 11.3 厘米，腹径 16.2 厘米，
底径 9.1 厘米

日用器。喇叭口，口沿外折，圆唇，细束颈，弧肩，
鼓腹，下腹弧收，平底，矮圈足近无。肩部贴塑
一对对称半环耳。耳部饰叶脉纹，肩颈下部饰两
道弦纹和多组细密水波纹，腹部满饰弦纹。红褐
色胎。釉面光滑发亮，玻化程度高。

东汉　双耳釉陶泡菜罐

2007 年 6 月出土于余杭义桥工业城
高 20.4—21 厘米，外口径 19 厘米，内口径 9.5 厘米，
底径 9.7 厘米

日用器。罐为双层口，内层圆唇直口，口沿稍磕缺；
外层敞口斜内收，形似大碗。罐体为圆肩，鼓腹，肩
上安饰有叶脉纹的双耳，器身饰多道弦纹。罐体胎质
较粗。器形整体敦厚大方。

东汉　石黛板与研黛器

2011 年出土于临平星桥里山
石黛板：长 10.5 厘米，宽 3.2 厘米，厚 0.7 厘米
研黛器：边长 2.6 厘米，厚 1.4 厘米

化妆用具。黛板呈扁平长方形，表面光滑。研黛
器为上圆下方，用于研磨。黛板普遍与研黛器配
套放置于墓主人的头部，是一种研磨颜料的化妆
用具。有趣的是，此类化妆用具往往出自佩戴刀
剑的男性墓中，这从侧面反映了汉代男性的仪表
和审美情趣。

东汉　硬陶瓿式罐

2011 年出土于临平小横山
高 23 厘米, 口径 8.1 厘米, 腹径 26.7 厘米,
底径 12 厘米

日用器。小敛口, 肩部安双耳, 鼓腹, 平底。
肩部划两周细弦纹, 腹部饰密集的粗弦纹。

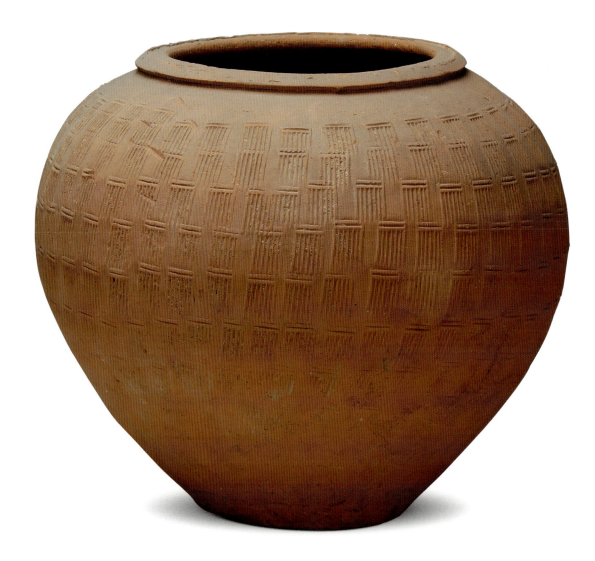

东汉　梳状纹印纹硬陶罍

2011 年出土于临平小横山
高 30 厘米，口径 17.5 厘米，腹径 35 厘米，
底径 13.8 厘米

日用器。敛口，宽沿，圆鼓腹，平底。通体
拍印梳状纹。

东汉　双耳硬陶罐

2011 年出土于临平星桥里山
高 16 厘米，口径 17 厘米，腹径 21.3 厘米，
底径 18.5 厘米

日用器。束口，斜肩上安双耳，腹壁较直，
平底。肩部划两道弦纹，间饰水波纹。

东汉　泥质灰陶三足盆

2011 年出土于临平星桥里山
高 13.5 厘米，口径 31.5 厘米，底径 17 厘米

日用器。直口，折腹斜收，平底外沿附三足。

东汉 玻璃耳珰

2007 年出土于余杭义桥工业城
高 2.4 厘米

装饰品。长鼓形，深蓝色。耳珰是中国传统的耳饰。"穿耳施珠曰珰"，故汉代又称其为"耳珠"或"珠"。本土耳珰普遍以玛瑙为原料，并采用对钻法穿孔。该耳珰材质为钾钠玻璃，中间的贯孔工艺，具有舶来品的特征。

汉代　玉蝉

征集

长 5.8 厘米，宽 2.7 厘米，厚 0.3 厘米

明器。玉蝉呈扁薄形，头、翼、腹用粗阴
线刻划，背部双翼左右对称，如肺叶状。
粗犷有力，刀刀见锋，颇具"汉八刀"的
风韵。古人对蝉十分推崇，认为其高洁清
雅，喜用玉蝉佩挂作为装饰。又因为蝉能
入土生活，出土羽化，汉代经常将玉蝉放
于死者口中，期望逝者能够像蝉一样精神
不死，蜕化再生。

西晋　同向式神兽纹铭文铜镜

2007 年 6 月出土于余杭义桥工业城
直径 12.3 厘米

梳妆用具。圆纽，纽上隐约可见刻划的"五叹"字样，
外围连珠纹。内区为六神四兽纹，其外为十三枚方印，
每印一字，合为"□□作明镜，幽涑三商，周而无机"。
外侧有连弧纹，其外为一周栉齿纹。外区下凹，内有
铭文，铭文为"……作明竟，幽涑三商，周而无机"，
边缘饰云纹。

0　　　3　　　6厘米

三国　青瓷洗

原余杭区文物执法大队移交
高 10.4 厘米，口径 24.1 厘米，腹径 22.5 厘米，
底径 12.7 厘米

日用器。侈口，宽唇内侧下凹，腹上部较直，下
部弧收，平底内凹。外腹壁上部轮印一周水波纹，
其下划三道粗弦纹。唇面环绕两周水波纹，内壁
刻划波涛纹和篦纹，内底饰一只展翅奔跑的大鸟。
内外满釉，釉呈淡青色，有较强的光泽感。胎质
坚硬。轮制。

三国　青瓷盘口壶

原余杭区文物执法大队移交
高 21.9 厘米，口径 11.5 厘米，腹径 20 厘米，
底径 9.4 厘米

日用器。浅盘口上端外撇，喇叭形颈，斜肩上安
双耳，扁鼓腹，腹最大径位于上部，平底内凹。
肩部划细密的弦纹，耳面模印叶脉纹。外壁施半
釉，内壁施釉至颈下端，釉呈青色。胎质坚硬，
轮制。

六朝　青釉瓷火盆

2007 年 6 月出土于余杭义桥工业城
高 5.4 厘米，口径 15.7 厘米，底径 9 厘米

明器。火盆口微侈，唇外撇，腹壁缓收，平底外沿附立三个足。内外满釉，釉色青淡。

西晋 青釉瓷猪圈

2007 年 6 月出土于余杭义桥工业城
高 4.5 厘米，口径 11.2 厘米，底径 9 厘米

明器。圈作圆形栅栏状，平底内凹。栅栏
内站立一头猪，脱釉严重。胎质坚硬。

西晋　船形青釉瓷双眼灶（含釜）

2007 年 6 月出土于余杭义桥工业城
灶高 8 厘米，长 16.6 厘米，尾宽 9.8 厘米
釜①：高 3.2 厘米，口径 3 厘米，腹径 4.3 厘米
釜②：高 3.2 厘米，口径 3.2 厘米，腹径 4.5 厘米

明器。平面呈三角形。灶身前低后高，前壁设有
长方形灶门。灶后端设有椭圆形出烟孔，中部设
有两个圆形灶眼，分别放置两釜。釜为侈口，扁
鼓腹。灶面一道裂纹，脱釉严重。

西晋　青釉瓷井

2007 年 6 月出土于余杭义桥工业城
高 12.9 厘米，口径 8.5 厘米，底径 10.2 厘米

明器。侈口，肩略斜，筒腹，平底。肩以下脱
釉严重，釉色青黄。胎质坚硬。

西晋　网格纹青瓷水盂

2007 年 6 月出土于余杭义桥工业城
高 3.5 厘米，口径 4.6 厘米，腹径 7.8 厘米，
底径 4.5 厘米

日用器。敛口，圆唇，扁鼓腹，腹最大径位
于中部，平底。腹部饰网格纹。釉色青黄，
色泽光亮，有玻质感，胎质坚硬。

西晋　网格纹青瓷双耳罐

2007 年 6 月出土于余杭义桥工业城
高 11.4 厘米，口径 9.1 厘米，腹径 16 厘米，
底径 7.8 厘米

日用器。束口，圆唇，弧肩上安双耳，鼓腹，
腹最大径位于上部，平底。肩部饰两组细弦
纹，其间饰网格纹。内壁满釉，外壁釉不及底，
釉层光亮，釉色莹润。青灰色胎，胎质坚硬。

西晋　狮形青瓷烛台

2007年6月出土于余杭义桥工业城
长17厘米，通高11厘米

日用器。狮为站姿，身形肥硕，形象生动，昂首张嘴，龇牙，凸目，竖耳，背部有直径为2.9厘米的管状插孔。狮背刻纹。通体施青釉，釉色莹润。青灰色胎，胎质坚硬。轮制。

南朝　青瓷鸡

出土于临平小林万陈村

高 7.5 厘米

明器。器物通体浑圆，鸡喙、鸡冠、鸡尾、鸡足俱全。鸡双目圆睁，翅膀微微翘起，栩栩如生，形象逼真，具有浓厚的生活气息。胎质坚硬。外壁青釉基本全部脱落。这类禽畜形象的器物出现在墓葬中，说明当时驯养动物已经十分成熟和普遍。

东晋南北朝　画像砖

出土于临平小横山

画像砖始现于战国，盛行于两汉，东汉至三国两晋南北朝时期因砖室墓的流行得到更大发展。根据目前考古发掘资料显示，临平境内画像砖主要为南朝时期，画像砖绘制和技法工艺高超，既有线雕也有高浮雕。位置分布较广，从墓门延伸到墓壁。组合形式多样，单幅和多砖拼合均有。题材中与佛教有关的狮子、宝轮、宝珠、莲花灯等图案占大宗，又有飞仙、仙人骑虎、仙鹤等道教类图案。这影射出南朝临平地区佛教、道教同时流行，尤其是佛教盛极一时，广建寺庙，高僧众多。此外，一些伎乐、侍女、门吏等题材的广泛使用，可以窥见当时社会的流行风尚和社会阶层等级森严，同时也说明厚葬之风盛行。其中临平小林小横山出土的画像砖最为典型。

唐代　酱釉瓷执壶

出土于临平小林万陈村
通高 18.2 厘米，口径 9.6 厘米，腹径 15.3 厘米，
底径 7.8 厘米

日用器。敞口，厚圆唇，粗短颈，肩部前立残缺
的鸡首，后附一螭首衔口执柄，两侧各安一系。
瓜棱腹，腹的最大径位于上部，圈足。外壁满釉，
釉呈酱色，受沁严重。

宋代　白地绿彩瓷盖罐

出土于临平小林万陈村
通高 23.6 厘米，口径 10.1 厘米，
腹径 16.4 厘米，底径 10 厘米

日用器。圆弧形盖，珠形捉纽。罐
为侈口，弧腹，腹的最大径位于上
部，平底。通体白釉衬底，饰以块
状绿彩。

宋代　双耳青白瓷花口瓶

出土于临平小林万陈村
高 17.3 厘米，口径 7 厘米，
腹径 8 厘米，底径 5.9 厘米

日用器。葵口外撇，长颈，颈
两侧安双耳，瓜棱腹，腹最大
径位于中部，圈足。外壁满釉，
内壁施釉至颈下端，釉呈青白
色，色泽光亮。

宋代　莲瓣纹青白瓷碗

出土于临平小林万陈村

高 6.6 厘米，口径 16.6 厘米，底径 5.4 厘米

日用器。侈口，口沿外有一道弦纹，内壁刻
划荷花纹，外壁刻划一周莲瓣纹，圈足。内
外满釉，釉色青白。

宋代　酱釉瓷执壶

出土于临平小林万陈村

高 16.8 厘米，口径 8.1 厘米，腹径 12.1 厘米，
底径 8.3 厘米

日用器。直口微敞，粗短颈，口沿小磕，圆弧肩
上安把与流以及对称两系，把一处磕缺。圆鼓腹，
腹的最大径位于中部，平底。外壁满釉，釉呈酱色。

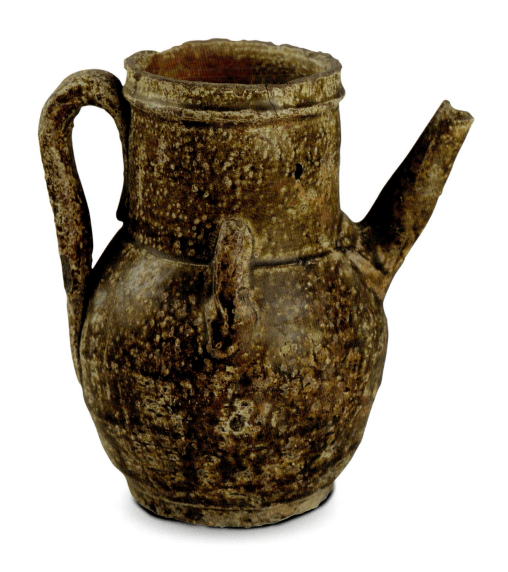

北宋　青瓷花口盘

2007 年 6 月出土于余杭义桥工业城
高 3.5 厘米，口径 12.8 厘米，底径 4.6 厘米

日用器。景德镇窑产品。圆唇，侈口，口沿呈花形。曲腹，大平底，直壁矮圈足，挖足极浅。器壁较薄，器形规整小巧。内底中心饰花卉纹，周边饰四组梳篦纹。灰白色胎。器表施青白釉，釉面光滑细腻，有细密开片，外底不施釉。

元代　龙泉窑青瓷奁式炉

2004 年 8 月出土于临平小林万陈村
高 5.2 厘米，口径 9 厘米，足径 4.3 厘米

日用器。方唇，平沿，直腹，有不及底的
三足，其中二足残，圈足底，器表有三道
凸弦纹。釉色青黄，足底无釉，釉质细腻，
有轻微开裂。整器浑然天成，古朴雅趣，
给人以恬静柔和之感。

元代 青瓷碗

2004 年 7 月出土于临平小林万陈村
高 5.9 厘米，口径 15.8 厘米，足径 5.6 厘米

日用器。敞口，口圆唇，斜腹缓收，平底，素面。
外壁施釉至底，内壁满釉，釉色青绿。

佛說阿闍貰王女阿術達菩薩經　西晉三藏竺法護譯

聞如是一時佛在羅閱祇者闍崛山中與摩
訶比丘僧五百人菩薩八千二尊復尊悉
得陁隣尼法在所聞如大海無所罣礙志
得五句深入微妙迴趣拘含羅無所持悉還藏
門不捨志意行無色想從法行無所歸依亦
不造行說經法無所著者有菩薩名曰觀世音
以得忍凡行十事是時有菩薩名水須彌山後
有菩薩名大師子後有菩薩名師子和利阿未免後
復有菩薩名水須彌山頂
菩薩名舉手後有菩薩名珍寶念後
薩名常精進行復有菩薩名常歡喜後有菩
薩名常憂念一切人後有菩薩名珍寶念後復
有菩薩名珍寶念一切人後有菩薩印手後有
菩薩名執御後有菩薩名大御後有菩薩名
常持至誠後有菩薩名阿彌勒如是等十七人
菩薩常念菩薩福多興生菩薩因提達菩薩益世間
功德等八人皆如世間菩薩增益世間
俱有摩訶波旬波斯匿阿難阿難如是俱
所遵奉阿難羅漢悉若如父母衆梵羅門迦羅越所
尊重奉時佛於無央數大衆中說經法所說

… 衣八
… （以下正文略）

今時王阿闍世聞女無愁憂說為大明
衣之賓寶瓔珞隱　行聞戰鬥得勝怨
被鎧人乘馬來　　若令發菩薩心
聲聞緣覺乘隱　斗菩薩雨淚若可怪所說無
佛者無雨珍寶　斗菩薩雨淚若心歡喜菩薩
菩薩雨澤雨多　佛者無雨珍寶
大雨水潤澤多　從謂樂雨香熟
聲聞法器露草　菩薩法如大雨
大千中諸來者　菩薩法月盛
迎露華無有香　男女見天歡喜不明
持七覺度一切　星宿衆夜不明
私具華人樂取　斗菩薩法如月盛
得離生死恐惱　如牛隨在草下不足
聲聞法如迎露華　以致菩薩如大海
斗菩薩在草下足　人中尊為大雞
菩薩浮陀度不多　度無數諸性速
聲聞法如牛跡　斗菩薩法如大海
如牛隨在草下　人不以足是為明
人中尊為大雞　有益於聞浮地
道一切至泥洹　斗一切度生死
挑不能度五穀　脫愛欲過大海
不可入大衆中　　菩薩四生天上

不可以牛跡水　　藻洗人除垢熱
恒水淨無數人　　恒水流滿大海
聲聞法牛跡水　　不能除世間熱
斗菩薩法如大海　菩薩遍度廣如此
如有人近須彌　　恩於寶取一錢
皆臨山作金色　　能使貧至大富
若其餘土石山　　不能以色變形
斗菩薩法須彌山　菩薩四生天上

元代 《普宁藏释法护译佛说阿阇世王女阿术达菩萨经》刻本

征集

横 945 厘米，纵 30.5 厘米

《普宁藏》全称《杭州路余杭县南山大普宁寺大藏经》，因刊版于杭州路余杭县白云宗南山大普宁寺而得名。以《思溪藏》为底本，兼采他藏之长修订校勘。开雕于元至元十四年（1277），讫至元二十七年（1290）竣工，为元代佛藏第一刻。至元末版毁。据明初本徐一夔《始丰稿》记载："镂版于杭之南山大普宁寺。未及广布而数遭小劫，版与寺俱毁。"故今世所存皆元刊元印。

佛說阿闍世王女阿術達菩薩經　裘八
西晉三藏竺法護譯

[illegible]

佛法亦空無所有女復謂摩訶迦葉欲得見
無上正眞法者當如法摩訶迦葉報女白衣
法我欲聞況佛道不欲聞女謂摩訶迦葉法
不見有亦不見無摩訶迦葉謂女是法無女
復謂摩訶迦葉諸法皆空無有形不可從諦
得見若善男子善女人欲見佛身相自淨其
行於行清淨得見諸淨是則純熟摩訶迦葉
謂女云何自淨其行純熟者女謂摩訶迦葉
能自觀身空者悉入諸法空諸法亦不滅亦
不增是爲自見諸淨摩訶迦葉謂女何等謂
身空女報空盡空是身爲空諸法空亦如
是摩訶迦葉復問女無愁憂從何聞是法乃
能信諦佛有二事因緣得信聞他人善自念
其行女報迦葉他人智說可聞尒乃自觀身
造行女報摩訶迦葉若自智慧復觀一切智
以明爲師摩訶迦葉報女云何自知身行善
女答言聞法觀善身行善則見善造行摩訶
迦葉報女云何菩薩自觀身行善女答摩訶
迦葉菩薩法與一切天下人共合適不踈遠
是則菩薩身行善女復報摩訶迦葉當來法
過去法今現在法意無增減是爲行菩薩法
摩訶迦葉問女云何見法無所增無所減女
報摩訶迦葉有二事有法無法不增不減作
是念是爲自見身意行見身意行則爲無所
見知摩訶迦葉自見其身迦葉謂女云何自
見其身女報言如摩訶迦葉自度身不見一
切人摩訶迦葉答言我無所見女報摩訶迦
葉諸法適無所捨亦無所著摩訶迦葉默然
無以加報尒時尊者須菩提聞是語爲甚難
甚難大歡喜問女無愁憂從何得大利乃有
此辯女報須菩提亦無得利亦無不得利慧
亦不見法法亦不見慧亦不內觀亦不外觀
是則慧所以者何須菩提言有法者則非法
如尊者須菩提第一樂空閑處法爲有處有
說爲有慧無有慧無所說須菩提報女言
不持空閑處有法處得慧是法見不是可說
不可出女報須菩提一切法悉如是無從見
無從取云何得大利而有慧須菩提報女言
設空無有慧何從有是語女問須菩提寧聞
山中大呼有響聲來應不一切法悉如是信
不言信是響有慧無慧本無慧是響因聲而
合成女問須菩提是響出爲有響像無報女
言響無形像響因空而有名一切法如響因
空而出生女報須菩提一切法法所說從空
生須菩提問女言若一切法從空生何以故
佛說世間當來佛如恒沙數女報須菩提欲
得知法所生處耶答言欲知所生處無所生
無所生是生處須菩提恒沙等不見從如來
去亦無所至所以作佛者何法不從發意亦
不止意須菩提報女言是說爲第一未生未
起女報須菩提所說皆第一若說若不說亦
第一一切無所生不可說不可說不離佛法
須菩提報女言甚難居家爲道乃有此辯慱
覽衆要深入微妙女報須菩提菩薩亦無居
家亦無出家亦無沙門亦無不沙門所以者
何以心意爲行行者以智爲上以黠爲善須
菩提問菩薩有幾處止願聞其說女報須菩
提菩薩持八法住是故止處在所止無所不
止聲聞中第一何等爲八法住菩薩常行善
意至心求佛無轉誨一以大慈救護天上天
下人二不舍大哀難世間去來今無所害

明恒沙數陀隣尼法受是剎時前所願所爲
盡悉棄除從得忍有言羅云是佛之子從父
毋胞胎中生者是爲謗如來菩薩於妻子國
城不以樂色故菩薩離愛欲於世間法無所
黠汙女白王大海中求火尚可得菩薩貪婬
瞋恚不可得王當知是法尊羅云者爲化生
不從父毋胞胎生所化現皆佛威神菩薩隨
習俗而教化護一切癡意如幻現形一切所
作常不離三昧自現在小兒中現白衣居士
中現菩薩聲聞中天上人中人非人等尊劣
長幼下賤妓樂宮女酒食隨所欲度而往生
如是所示現處不可計不可數衆會中有發
心念誰爲適是怛薩阿竭種姓眞子者等知
正見不斷三寶護七覺意隨所樂而化是曹
之人眞佛之子若善男子善女人欲爲佛作
眞子當發阿耨多羅三耶三菩心說是語時
王後宮婇女二十五人皆發阿耨多羅三耶
三菩心時千天子聞女無愁憂師子吼皆發
阿耨多羅三耶三菩心同時發聲言我是當
來佛過去佛之上子發心已雨於天華遍覆
羅閱祇大城中以供養女無愁憂時無愁憂
於金牀下前趣諸尊聲聞無愁憂女問諸尊
聲聞爲曉分衛法不諸尊聲聞答女言已曉
云何曉答曰身有四神從因緣生常覆蓋順
化懼有壞敗時以故當飯食之是身以飯食
得立無飯食則不得安隱是身譬如弊壞之
車須脂膏而得所安所以時食欲護身故不
自貢高行乞不以爲色相不以爲貪亦以欲
破貪故女無愁憂聞諸尊聲聞各各說是事
聞所說亦不喜亦不憂如是身爲災患勤苦
若此即以時請諸聲聞供養以百味飯具飯
食訖竟皆揖讓便還耆闍崛山中聽怛薩阿
竭說法我曹亦俱當往無愁憂女食後與父
毋兄弟宗親後宮婇女群臣人民俱出城到
耆闍崛山中前以頭面著地爲佛作禮繞佛
三帀却坐一面諸尊聲聞從禪覺亦皆悉來
爲佛作禮却坐一面舍利弗從座起正衣服
下右膝叉手白佛言是女無愁憂所說甚難
入深法要以權行立人不可勝數所問種種
悉能報荅佛告舍利弗是女無愁憂以供養
九十二億佛作功德常不離漚惒拘舍羅舍
利弗白佛是女何故不棄女人佛告舍利弗
若諸聲聞謂此無愁憂是女人耶若等不深
入般若波羅蜜不見人根觀本迹然便等視
於所行菩薩恣所樂喜以權道示現有男女
其限無所罣礙欲度男女故無愁憂女欲決
舍利弗之狐疑現身立願使大衆中悉見我
是男子作是念已即諸大衆見無愁憂身爲
男子不復見女人像無愁憂於時踊在虛空
中去地七十丈住止空中佛告舍利弗是無
愁憂爲男子踊在虛空中去地七十丈若見
不舍利弗白佛唯然已見佛告舍利弗是
無愁憂却後七百阿僧祇劫當作佛佛名辯
竭俞（漢言無愁）怛薩阿竭阿羅訶三耶三佛剎名
辯末拘逵害（漢言無垢光）其壽千萬劫佛般泥
洹後經法留止十劫不斷絕是剎中地皆如
細瑠璃其剎土八方方有一道是佛所遊行
處以七寶爲樹以衆寶爲欄楯以天繒爲華
蓋以名香而香之無鐵惡石沙瓦礫純以珠
寶爲萬物剎中無有泥犂禽獸薜荔但有菩
薩僧及天與人譬如忉利天王所居宮尒時
大衆及王阿闍世歡喜踊躍皆言善哉善哉
王阿闍世王[illegible]瓔珞[illegible]於坐

三行漚惒拘舍羅不可計智皆發意求佛四
常行勇猛不猒見聞求諸法五悉知菩薩行
處六悉救一切人意七其智不從他人受一
切法自證得忍八如是須菩提持是八法行
在所止處過諸羅漢辟支佛上於是須菩提
默然尒時尊者羅云問無愁憂女乃作是解
曉了衆要揔持智慧何故自坐金床纖濁無
謙卑恭敬之心自處高牀與大比丘難說經
法吾曾聞佛說人無疾病不得處高牀及卧
聽而說經法女報尊者羅云寧知世間以何
爲淨何等不淨羅云報女言世間有持戒信
受不犯者是則爲淨若有犯者則爲不淨女
報羅云且止未曉未了所以者何羅云持戒
信受不犯者是則不淨其犯戒者是則爲淨
所以者何不倚淨慧則有淨不淨本無無淨
不淨諸阿羅漢所見如是其犯戒者爲淨所
以者何羅云以離於戒不復學可至無極慧
遠離惡道過於世間是故謂爲離戒羅云報
女其人立願不立願有異無女報言尊者羅
云譬如紫磨黄金持作衆物珠環瓔鎖已作
未作前色後色有異無報言無異如是羅云
何故嫌處高牀不恭敬謙苦者意行是本羅
云昔菩薩以草蓐於地爲座過於聲聞座梵
天座羅云復問云何座得過於聲聞座梵天
座仁者羅云菩薩於樹下以草爲座三千世
界刹土釋梵四天王及世間上至三十三天
其中人民大鬼神皆來問訊菩薩中有頭面
禮菩薩足者有跪拜者有揖讓者中有叉手
者爲尒不羅云羅云荅言有是羅云當
知菩薩處意高下非謂床座是故過聲聞座
梵天座當作是知尒時王阿闍世告女無愁憂
汝不知耶尊者羅云是遮迦越王種尊第一
信用道德故少小棄家行作沙門棄遮迦越
國是佛釋迦文子持戒第一汝云何反輕戲
不以禮敬女白王止莫說是語寧可以神丹
之珠比之於水精王曾見師子當生蠱狐邊
迦王子豈當爲小國王王言不尒女復白王
當知是因縁彼羅云不從怛薩阿竭爲父母
胞胎生怛薩阿竭師子行皆降伏九十六種
道神通之智悉具足爲大聖猛一切諸法悉
了知無所罣礙等知一切人心所念知當來
過去今現在悉曉知爲大醫王療人苦痛常
勸助一切轉法輪舍利弗摩訶目揵連摩訶
迦葉須菩提蠡越羅云阿難如是輩聞法皆
奉行猶非是佛之子尒時諸尊聲聞在大衆
中女爲說經法女白王過去阿僧祇劫有佛
名提和竭羅時婆羅門女字須羅陀
復有婆羅門子字鞞多衛提和竭羅怛薩阿
竭時持華五莖散佛上時賣華女發心願欲
世世爲夫婦乃至于得佛復發心求摩訶衍
乃尒時過去阿僧祇劫作功德發願世世相
隨欲救諸下劣是故從佛求願從佛求願終
無有空俱夷者釋種女大樂發阿耨多羅三
耶三菩心漚惒拘舍羅行勸一切菩薩示現
有妻子男女奴婢象馬金銀珍寶摩尼珠所
以者何護九十六種道不欲使誹謗菩薩非
男子王爲生黄門世有何特而言忍勤苦設
作是念當墮泥犁中晝夜苦痛不可言菩薩
乃從提和竭羅怛薩阿竭阿羅訶三藐三佛
以來菩薩受莂無有色思想女白王尒時婆
羅門子鞞多衛從提和竭羅怛薩阿竭阿羅
訶三耶三佛得慧明六萬三昧門逮得無盡

起叉手自嗟歎心白佛言既得爲人難我復
懷養是菩薩益倍踊躍因是功德發心求阿
耨多羅三耶三佛發心立願今佛授無愁憂
菩薩慧却後當作佛劫盡願令我乘其第得
作佛於彼刹土中尒時佛知王婦月明心所
願佛告舍利弗見王婦月明不舍利弗言見
王婦月明持是功德所作當棄女人身得男
子已當生忉利天上作天名寶第一彌勒佛
來下有國王名呵當爲作太子字終好當供
養彌勒盡壽命劫後當爲彌勒作沙門上法
亦持中法亦持下法亦持揔供養是颰陀劫
中怛薩阿竭阿羅訶三耶三佛又行菩薩法
是離愁怛薩阿竭得作佛已寶第一當於是
刹作遮迦越王名寶豐當供養承事怛薩阿
竭盡形壽當承其佛第得作佛名普明怛薩
阿竭阿羅訶三耶三佛當教授是無垢濁焰
明刹土本刹故事如離憂怛薩阿竭所治處
等無有異王婦月明聞佛說是莂益倍踊躍
自嗟歎其身以珠摩尼直百萬兩金用上佛
從王阿闍世求持五戒別治一處離婬欲之
行令一切皆修清淨無愁憂菩薩始從虚空
中來下叉手住佛前願我作佛時令我刹土
諸菩薩自然化生長大法座袈裟自然著身
等無老少如年二十之容色令自願身爲沙
門自然被法衣尋時作彼示現無愁憂菩薩
白王法無堅固從空而立從空而坐於念不
念於中立意不散無所録在所作爲無所屬
王見是不是一日之中我爲女人變爲男子
形復現比丘僧何者審爲諦是處餘處人身
中有三毒以三藥療焦盡諸毒知是法故大
王不當作非法行當數數詣佛文殊師利童
男菩薩所能除人垢增益功德度不度者王
國中多事欲去隨意佛告阿難無愁憂菩薩
受莂解諦能持能說當爲一切廣說經法若
有善男子善女人欲求佛道正使是三千大
千刹土持七寶滿其中持施怛薩阿竭阿羅
訶三耶三佛不如聞是經信不誹謗其功德
不可計何況奉行盡形壽供養繒華幢蓋旗
播其功德無能計數者諸比丘受教無愁憂
菩薩歡喜王阿闍世王婦月明阿難尊比丘
一切大衆諸天龍神阿須倫聞佛說經皆歡
喜前以頭面著地爲佛作禮而去

佛說阿闍世王女阿術達菩薩經　衣八

五旬　颰陁　蠡越　睺彼史　陂池　蕭渠　舐突　浠　摩訶衍　湶洗　怯　栿　薩云
若　蘆葦　千柘　竹　稻　痛癢　纓鎖　揖
讓　蛊狐　鞞多　攔楯
瓦礫　薜荔　羅盧

明代　素面金发簪

2003 年 6 月出土于塘栖镇超山
长 9 厘米

饰品。金质，圆首面弧凸，细
颈上有弦纹，素身。身细长，
圆柱形，从上往下逐渐收细。

明代　金戒指

2003 年 6 月出土于塘栖镇超山
直径 1.9 厘米

首饰。金质，戒面呈长方形，戒面两
边刻两三角形纹饰，其余光素无纹。

明代 "邵星公用"酱釉瓷权

出土于临平小林万陈村
高 5.5 厘米，腹径 4.8 厘米，上径 3.8 厘米，
下径 4.2 厘米

日用器。上部有盖，鼓腹，实心，平底。胎
质坚实，酱釉色。器面有"邵星公用"四字。
"权"俗称秤砣，称重工具。

明代　绿釉瓷香炉

出土于临平小林万陈村

高 7.6 厘米，口径 14.2 厘米，底径 7.9 厘米

日用器。敞口，折沿，鼓腹，腹最大径位于
上部，下置三足。外壁施青釉，釉色明亮光滑，
肩部以下釉层脱落。

明代　乳白瓷盘

2007 年 6 月出土于余杭义桥工业城
高 2.4—2.8 厘米，口径 11.3—11.5 厘米，
底径 6.5 厘米

日用器。圆唇，侈口，弧腹，大平底，矮
圈足。灰白色胎。器表饰白釉色白中泛青，
釉面细腻光滑，足跟不施釉。

明代　卷云纹青花瓷碗

2007 年 6 月出土于余杭义桥工业城
高 6.6 厘米，口径 14.5 厘米，底径 6 厘米

日用器。侈口，口沿一处磕缺，方唇，曲腹，
平底，圈足。灰白色胎，器表饰白釉，釉
色白中泛青，釉质细腻光滑，足底不施釉。
内底饰青花纹饰，外壁满饰花卉。

明代 "大明成化年制"款青花瓷碗

2007 年 6 月出土于余杭义桥工业城
高 4.8 厘米，口径 8.8 厘米，底径 3.9 厘米

日用器，侈口，口沿一处裂纹，圆唇，曲腹，
小平底，矮圈足，足二处磕缺。灰白色胎，
器表饰青白色釉，釉面光滑。外壁饰青花花
卉纹。外底有"大明成化年制"款识。

明代　缠枝纹青花瓷碗

2007 年 6 月出土于余杭义桥工业城
高 5.6—5.7 厘米，口径 14.3 厘米，底径 5.2 厘米

日用器。侈口，方唇，曲腹，平底，圈足。灰白色胎，
器表饰白釉，釉色白中泛青。内底和外壁饰花卉纹。

明代　卷草纹青花瓷碗

2007 年 6 月出土于余杭义桥工业城
高 6.1 厘米，口径 13.6 厘米，底径 5.4 厘米

日用器。侈口，方唇，曲腹，平底，圈足。
灰白色胎，器表饰白釉，釉色白中泛青。外
壁饰四朵花。

明代　卷草纹青花瓷碗

2007 年 6 月出土于余杭义桥工业城
高 6.4 厘米，口径 14.4 厘米，底径 5.8 厘米

日用器。侈口，方唇，曲腹，平底，圈足。
灰白色胎，器表饰白釉，釉色白中泛青。内
底饰青花"王"字，外壁饰花卉。

明代　荷叶花卉纹青花瓷碗

2007 年 6 月出土于余杭义桥工业城

高 5.7—6.1 厘米，口径 11.9 厘米，底径 4.6 厘米

日用器。圆唇，敞口，曲腹，平底，矮圈足。灰白色胎。器表饰白釉，釉色白中泛青，釉面光滑。内底饰青花蛙纹，外壁饰青花花卉纹。

明代　花卉纹青花瓷碗

2007 年 6 月出土于余杭义桥工业城
高 6 厘米，口径 13.1—13.9 厘米，底径 5.2 厘米

日用器。圆唇，敞口，曲腹，平底，矮圈足。灰白色胎。
器表饰白釉，釉色白中泛青，釉面光滑。内底和外
壁均饰青花花卉。

明代　动物纹青花瓷碟

2007 年 6 月出土于余杭义桥工业城
高 2.4 厘米，口径 10.5 厘米，底径 5.6 厘米

日用器。圆唇，侈口，弧腹，大平底，矮圈足。
灰白色胎。器表饰白釉，釉色白中泛青，釉
面细腻光滑，足跟不施釉。内底饰青花动物纹。

明代 镂空葫芦形金耳坠

2003 年 6 月出土于塘栖镇超山
高 4.2 厘米

饰品。金质，一对，葫芦形，采用
金丝编织、缠绕、焊接等技法制成。

明代　人物故事金发饰

2003年6月出土于塘栖镇超山
发饰①（左）：长3.8厘米，宽4.9厘米
发饰②（右）：长3.8厘米，宽5.1厘米

饰品。金质，一对，云头形，用金片经捶打、雕刻、焊接成高浮雕人物故事，前面为两人骑马，马前后有侍从二人，后面为亭台楼阁，楼阁上两人凭栏眺望。

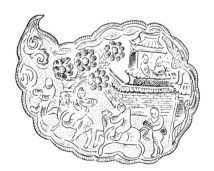

明代　鎏金银发饰

2003 年 6 月出土于塘栖镇超山
长 8.2 厘米

饰品。金质，钗头呈弧扇形，由
十三朵花卉组成，花朵间有两片叶
相间隔，钗脚断，残缺。

明代　人物故事银鎏金带饰

2003 年 6 月出土于塘栖镇超山
长 35 厘米

饰品。带饰一组七块，银色泛黑。有五
个人物。中间一高士做饮酒状，左右为
乐伎，两侧各有一侍女，手捧食具。底
板脱落，破残严重。左右两块为桃形饰，
宽 4.5 厘米，长 4.6 厘米，中有一人物蕉
荫赏花。一块较好，另一块破残严重。
再两边是长 8.2 厘米、宽 4.5 厘米长方形
饰两块，为松荫高士和高士对弈图。两
边尾端为长 4.4 厘米、宽 2.4 厘米长方形
饰，中为仙鹤图。较完整，整器图案人
物造型细致生动。

清代 仿汉四虺四乳纹铜镜

2007 年 6 月出土于余杭义桥工业城
直径 8.1 厘米

梳妆用具。半球形纽,圆形纽座。纽座外
有一周凸弦纹,纽座与凸弦纹之间相间装
饰四组短三直线纹与短三弧线纹。凸弦纹
外为两周栉齿纹,其间为纹饰区。纹饰区
有四个乳丁与四个虺纹相间绕纽排列。虺
纹呈"S"形,虺纹间填以云气纹。纹饰
区外为素面宽缘。有铭文"薛思溪造"。
这类四虺四乳纹铜镜流行于西汉中晚期至
新莽时期。

書·画·篇一

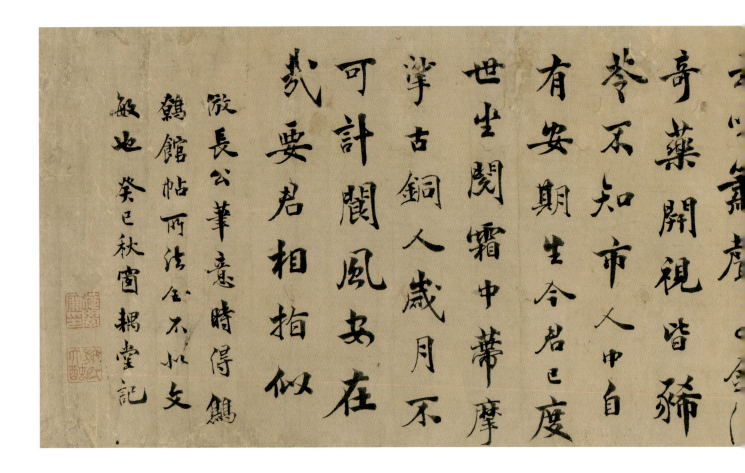

敢也癸巳秋窗耦堂記．

鶴館帖兩法全不以文

世生閱霜中蒂摩

掌古銅人歲月不

可計閬風安在

我要君相拍似

放長公筆意時得鸛

有安期生合君已度

岑不知市人中自

奇藥開視皆稀

施学濂行书临鹡鸰馆帖横批

墨笔纸本
清

纵27厘米，横95厘米

施学濂（1726—?），字大醇，
号耦堂。钱塘人，乾隆年间进士。

122

佳氣郎風雨芸秀
登我場陳前滂方
太玉食憐無光大兇
天宇問美無更臭
香君看五六月飛
恨展西席荒時不
少假倏仰霜葉黃
期君蟠桃枝千歲
終一嘗顧我如苦
李全生依致旁紛
不乭慍惜徒自

姚虞琴墨兰图轴

墨笔纸本
民国

纵 70 厘米
宽 39 厘米

姚虞琴（1867 — 1961），现代画家。名瀛，字虞琴，晚年以字行，浙江余杭亭趾镇人，寄寓上海。擅书法、诗文、鉴赏，尤擅国画。以写兰名驰江南，取法明陈古白，上追元代赵孟頫、郑所南，晚岁画梅，间作山水。著有《珍帚斋诗稿》。新中国成立后为上海中国画院画师。

姚虞琴黄花晚节图镜片

设色纸本
1941 年

纵 44.5 厘米
横 81 厘米

姚虞琴碣石幽兰图卷

墨笔纸本
1929 年

纵 40.7 厘米
横 344 厘米

自有幽香生腕底 散毫千手献枇胸华

麟荪仁兄大稚之庚辰冬虞琴写年去

姚虞琴兰石图轴

墨笔纸本
1940 年

纵 133 厘米
横 65 厘米

虞翁此畜可与云林母丘並观知畫
者應許我言 倩盦观拜識

雲林藝作寒柯霜篠頗有去塵之姿残仿
庚辰歲莫姚虞琴寫畫于孫華齋時年七十有四

姚虞琴竹石图镜片

设色纸本
1940 年

纵 110.5 厘米
横 34.8 厘米

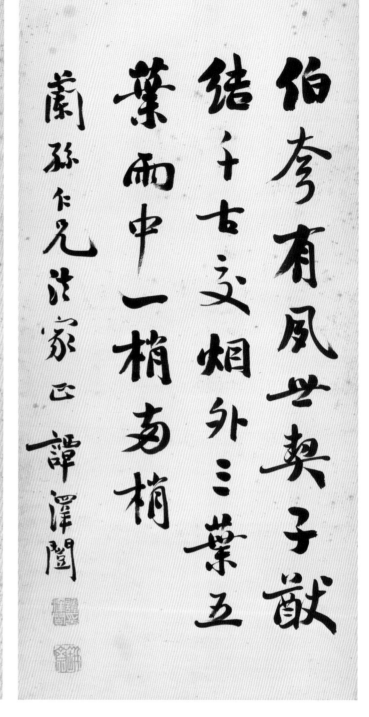

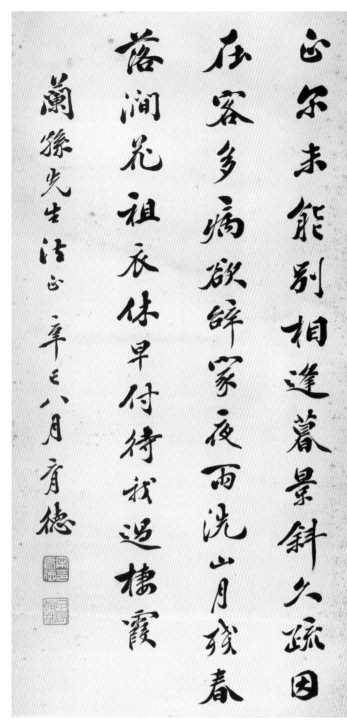

伯夸有凤世契子猷
结千古交烟外三叶五
叶而中一梢尤梢

兰孙仁兄法家正 谭泽闿

正尔未能别相逢暮景斜久疏因
从容多病欲辞家夜雨洗山月残春
落涧花祖衣休早付待我过楼霞

兰孙先生法正 辛巳八月育德

姚虞琴等书画四条屏

设色纸本
1941 年

单幅：纵 67.5 厘米，横 32.3 厘米

130

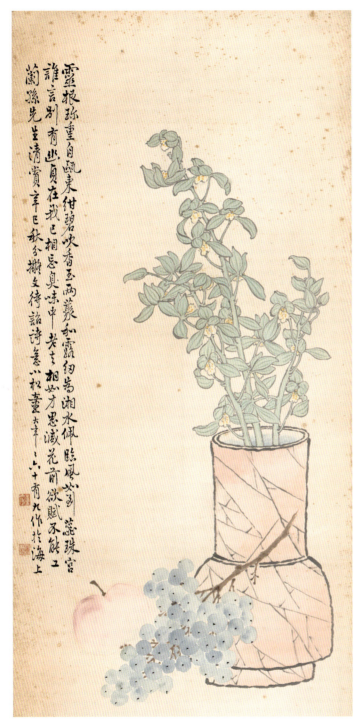

靈根珠重自甌東紺碧吹香玉兩叢和露紛為湘水佩臨風如到蕊珠宮
誰言別有此負在栽已相忘臭味中芳去相思才思滅花前欲賦不能工
蘭孫先生清賞辛巳秋分撝文待詔詩意八松童大年六十有九作於海上

蘭孫仁兄大雅正之 辛巳秋仲 桃塵琴雪于海上時年七五

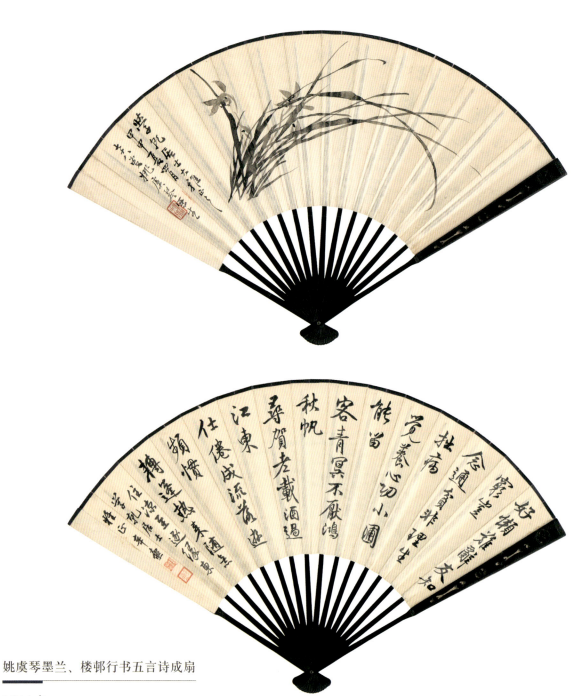

姚虞琴墨兰、楼邨行书五言诗成扇

1944 年

面高 17.7 厘米

通高 32 厘米

楼邨（1881—1950），又名卓立，小名保源，字肖嵩，又字新吾，号玄根居士、麻木居士、玄道人、玄朴居士、玄璞居士、缙云老叟。浙东缙云人。与吴昌硕交好，介师友之间。吴氏为之改名辛壶（与新吾谐音），此后多用此名。斋称玄根顾。

姚虞琴、江寒汀等与芝同寿图、吴徵行书成扇

1945 年

面高 18 厘米
通高 30.7 厘米

江寒汀（1903—1963），名上渔，又名荻、庚元，笔名江鸿、石溪，字寒汀，号寒汀居士，画室称获舫，江苏常熟虞山镇人，近现代画家。

吴徵（1878—1949），字待秋，名徵，以字行。别号抱鋗居士、疏林仲子、春晖外史、鹭丝湾人、栝苍亭长，晚署老鋗。浙江崇德（今桐乡）人。

风根孤高尘
磨尽物使君居变
似山牛凡花易见不
昙敢自断
苍苔逊绿鲜
乙丑春九嶷姚虞琴笔于申浦

姚虞琴兰石图镜片

设色纸本
1945 年

纵 106 厘米
横 45.5 厘米

姚虞琴竹石图轴

设色纸本
1946年

纵 79 厘米
横 34 厘米

南陔寿正将以续补此诗
游瀛小筑主人写兰即
正之庚辰夏姚虞琴时年六十

姚虞琴兰石图轴

设色纸本
1946 年

纵 70.5 厘米
横 34.5 厘米

姚虞琴兰石图扇面

1946 年

面宽 18 厘米
面高 50 厘米

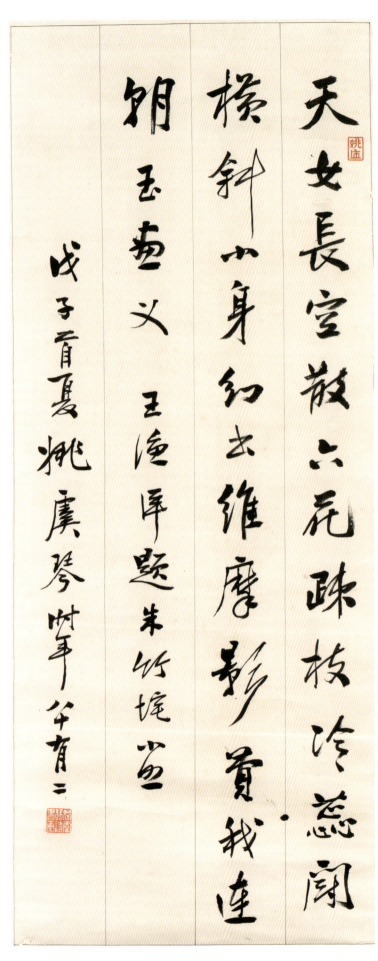

天女長宮散六花疎枝冷慈闈
橫斜小身幻出維摩影貢我蓮
朔玉蚕义 王渔洋题朱竹坨词
戊子首夏姚虞琴附筆午有二

姚虞琴行书轴

墨笔纸本
1948 年

纵 99.3 厘米
横 40.5 厘米

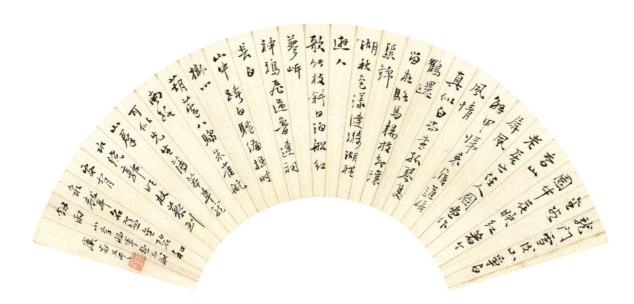

姚虞琴红梅、书法扇面

1948 年

面宽 38 厘米
面高 11 厘米

嘉爱世谱典
棣玖贤暖 结婚大喜
己丑仲夏之月
八三叟姚虞琴写贺时同志庵上

姚虞琴双清图镜片

设色纸本
1949 年

纵 67 厘米
横 30.5 厘米

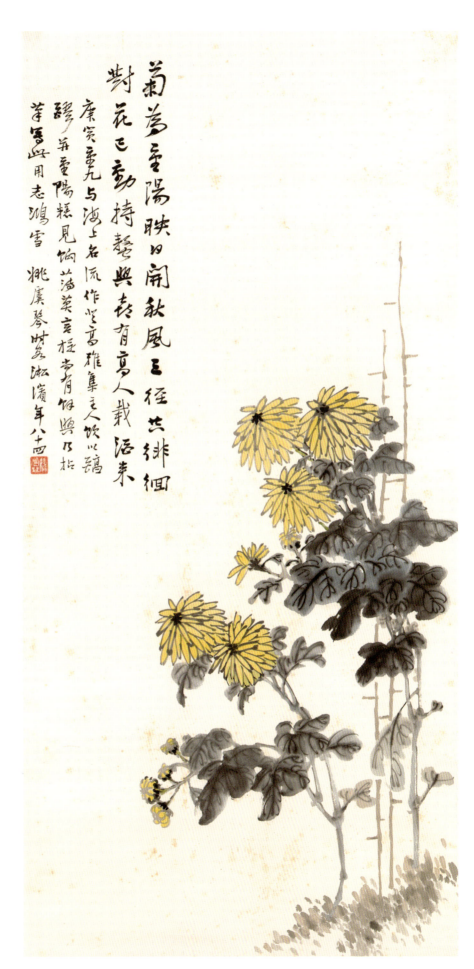

菊为重阳映日开 秋风三径共徘徊
对花已劲持螯兴 喜有高人栽洁来

康寅重九与海上名流作觞咏高雅集之饮以
螯菊重阳糕见饷满篮英言程青有余兴乃指
笔写此用志鸿雪

姚虞琴时年八十四

姚虞琴重九菊香图轴

设色纸本
1950 年

纵 97.5 厘米
横 47 厘米

姚虞琴等兰花图成扇

1950 年

面宽 45.5 厘米
面高 18.5 厘米

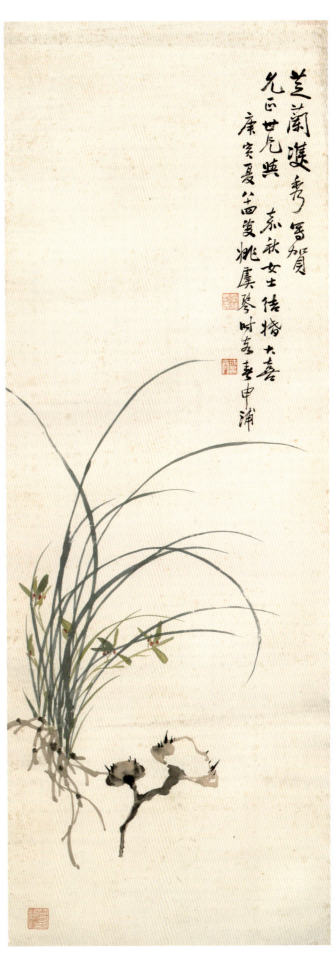

姚虞琴芝兰双秀图轴

设色纸本
1950 年

纵 95 厘米
横 33.7 厘米

姚虞琴兰石书法成扇

1954 年

面高 18 厘米
通高 30.7 厘米

姚虞琴兰花图、俞玉书楷书成扇

1954 年

面高 17.7 厘米
通高 30.3 厘米

俞玉书（1873—1958），字康侯，
号瓶叟。吴兴（今湖州）人。光绪
二十八年举人，善楷书，曾任浙江
文史馆馆员。

姚虞琴兰花、陆树基楷书成扇

民国

面高 17.9 厘米

通高 31 厘米

陆树基（1882—1979），浙江湖州人，字培之，别署老培、培芝、培知、固庐、五湖印伯，现代收藏家、篆刻家。藏书画甚富，所藏明清印人印作逾二百方。解治印。辑有《宝史斋古银存》《苦铁刻印》及自刻印成《陆培之印存》《固庐治石鬖册》。

姚虞琴、萧俊贤致王凤琦书札

民国

姚虞琴卷：纵 16.7 厘米，横 33.5 厘米
萧俊贤卷：纵 25.6 厘米，横 16.5 厘米

萧俊贤（1865—1949），即萧厔泉。初作稚泉，名俊贤，以字行，号铁夫，斋名净念楼，湖南衡阳人。初从岳麓苍厔僧及沈咏荪学画，后集宋、元诸家之长而自成一家。长于山水，兼作花卉。

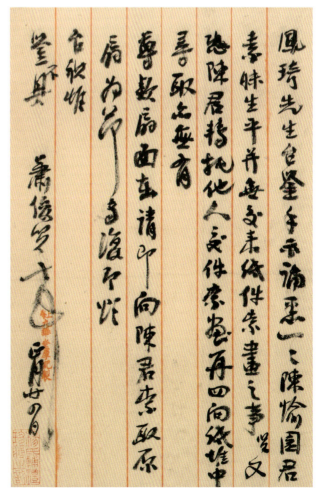

吴昌硕书画扇面

1984 年

单幅团扇：直径 24.5 厘米

吴昌硕（1844—1927），
初名俊，后改俊卿，字昌硕，
号缶庐，浙江安吉人。诗书
画印具精。西泠印社首任社
长。海派四杰之一。

吴昌硕卷石天竺图轴

设色纸本
1915 年

纵 134 厘米
横 68 厘米

吴昌硕石鼓文扇面

1917 年

面高 14.7 厘米

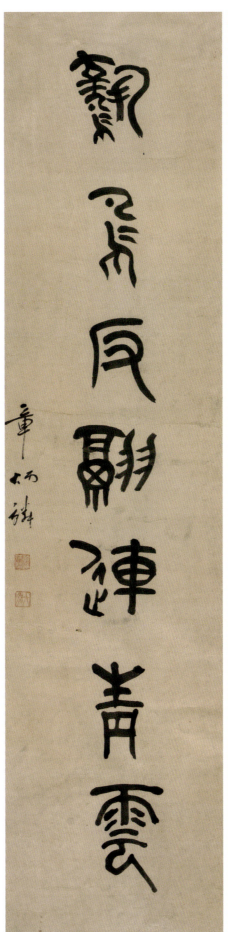

章太炎篆书七言联

墨笔纸本
民国

单幅：纵 147 厘米
　　　横 36.8 厘米

章炳麟 (1869—1936)，近代民主革命家、学者、书法家。初名学乘，字枚叔，后改名绛，号太炎，浙江余杭人。早年从事民主革命，晚年在苏州设章氏国学讲习会。博通经史、语言文字学。书法以篆书见长，因对金石学造诣深厚，所写篆文，均有典章渊源可循。著有《章氏丛书》《章氏丛书续编》等。

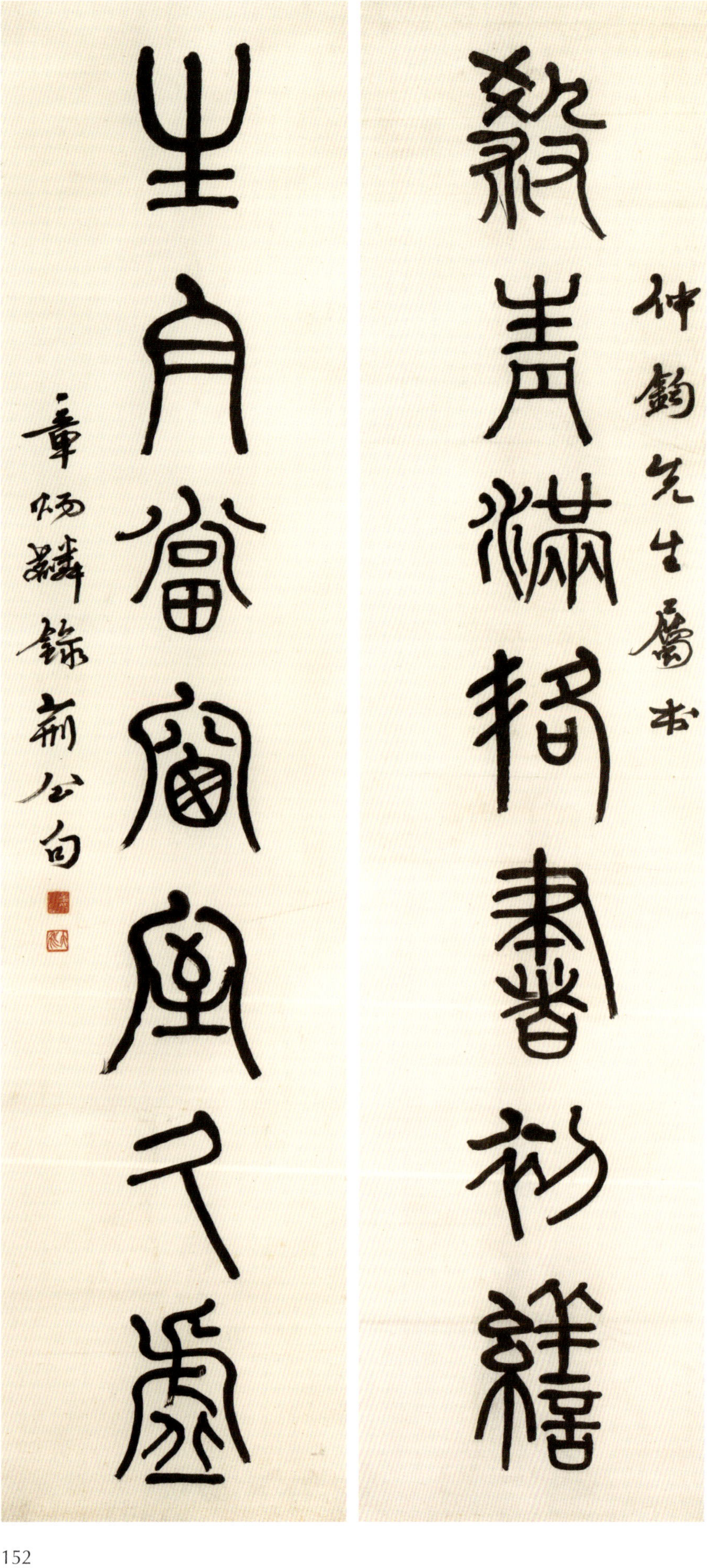

章炳麟篆书七言联

墨笔纸本
民国

单幅：纵153厘米
　　　横36厘米

章炳麟篆书七言联

墨笔纸本
民国

单幅：纵 123 厘米
　　　横 29.5 厘米

松岑于民国十六年以天叙楼文言付刊余为之
序建岑为岁而余复出吴下已与松岑论昆
华交也松岑付率六十门弟子竟其文为偿
桑江五十余首富以来余劳此洗洋博繁之熊
玉其已精收揽盖渐趣于陵邱矣嗟乎力壮不
期于老而老必视之排文不期于陵而陵必起
之其陵也忝支续之逮敷自余初序松岑之付
至今未二年且其文章之实已如是又与松岑
函四十年悦而益工未知病何耶此也二十二年
九月章炳麟

章炳麟致印泉信札

墨笔纸本
民国

单幅：纵27.3厘米
横17.5厘米

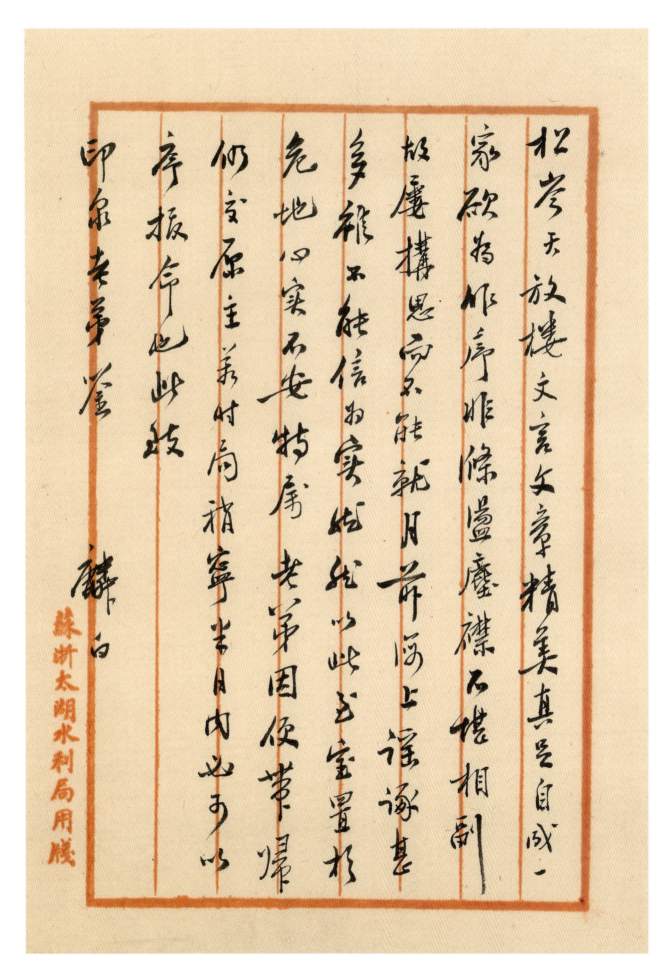

松崖天放楼文言文章精美其号自成一
家欲为作序非馀鄙陋摩碟石壤相副
故屡携思而未能就月半沪上谨诺其
事雅不能信如实好如此去宝置於
危地心实不安特属老弟因便带归
仍交原主弟时局稍宁岁月内必再以
序振令也此故
印原吾弟鉴
　　　　麟白
苏浙太湖水利局用笺

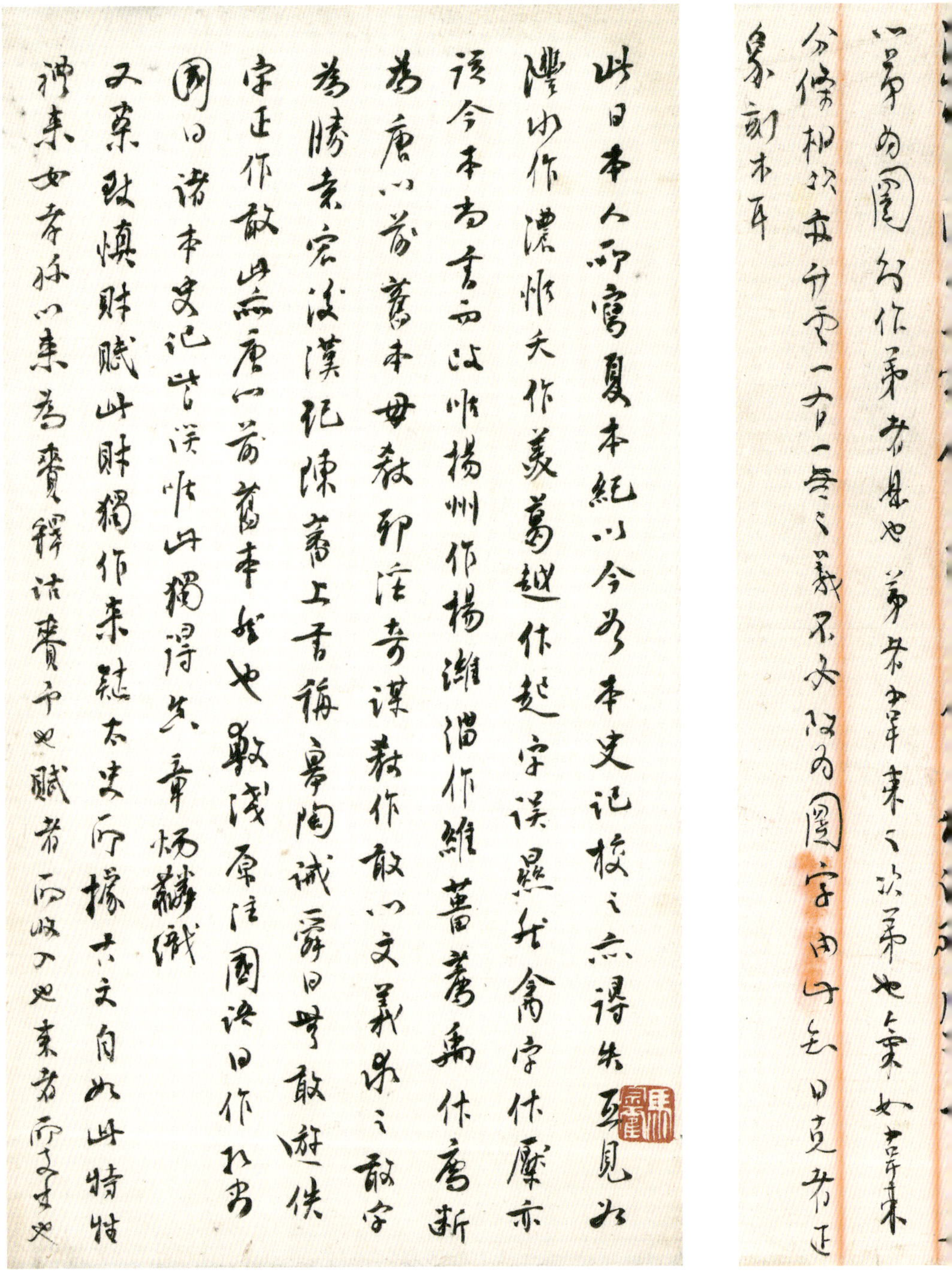

章炳麟文稿

墨笔纸本
民国

左页：纵 27.5 厘米
　　　横 15.5 厘米
中页：纵 26 厘米
　　　横 16.9 厘米
右页：纵 26 厘米
　　　横 16.9 厘米

文人徇才思发越未能矫于语言才辨之者唯诠释伸

吴兴而蔡邕孔融不能也儒家作称述六经字辞差

为经师诗之者唯苟卿贾谊而陆贾其教不能也

元昆三才自不肯以文人自画竭其智力自可奥

伟长心理顺汗情兴蒙为之亦知爱注经传义式自偏

真丽谓因于蜀爲焉芳也将其学术师也古世能心论

一言此何耆氏三附于新建门下王汝止说市有仁者若援

引经训於取亦为槃可也以心年塚亦升卒太平之说初

附约貌同为心异美因是又谓帝子今于春秋山亦手爲

所谓春秋亦非元生亦谓春秋也 童炳麟识

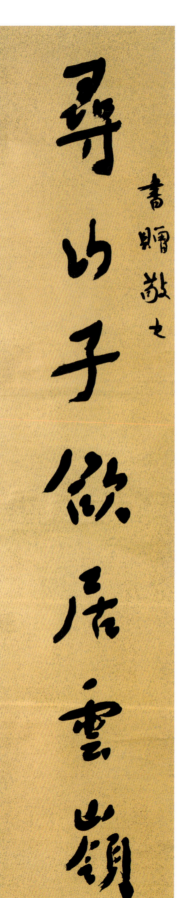

章炳麟行书七言联

墨笔纸本
民国

单幅：纵 167 厘米
横 33 厘米

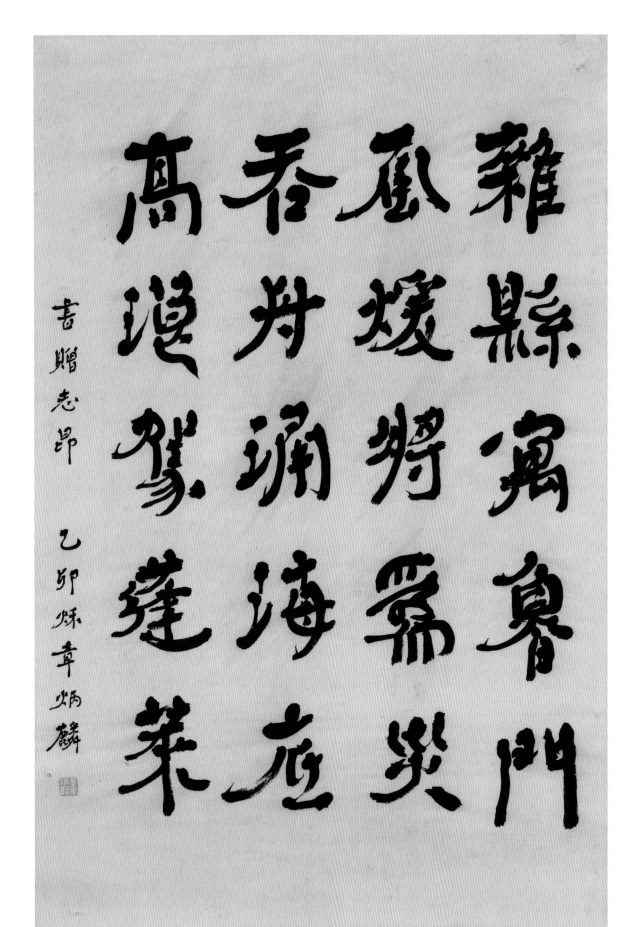

章炳麟行书
五绝诗轴

墨笔纸本
1915 年

纵 64.5 厘米
横 42.4 厘米

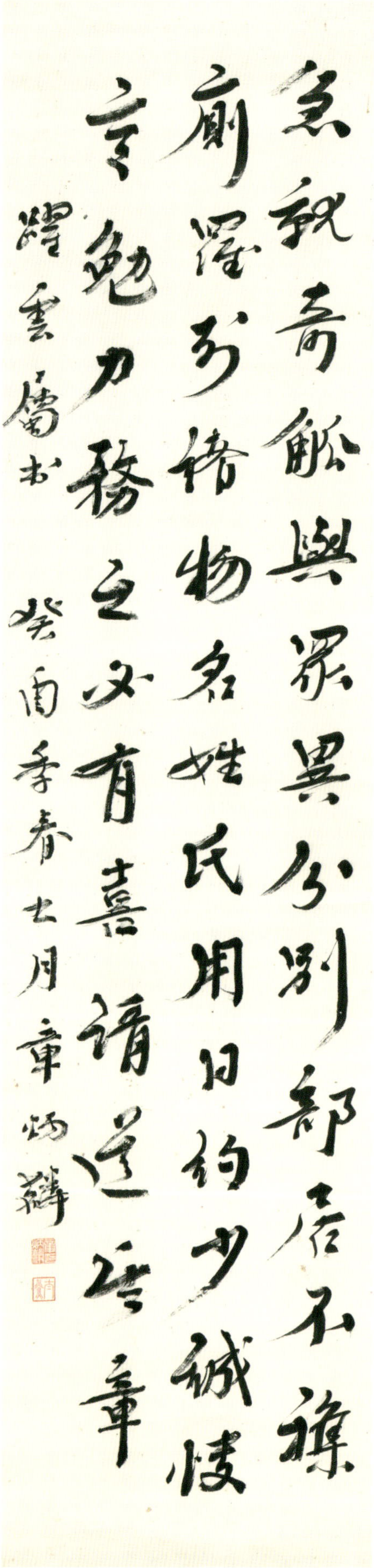

玄枳奇舥與眾異
前浮弓檝物名姓
氏用日约少城怯
郡居不躁分別
鉤力務之必有喜
请逵彣章

跨雲屬書

癸酉季春七月章炳麟

章炳麟行书节录急就篇轴

墨笔纸本
1933 年

纵 133 厘米
横 32.5 厘米

君德明匕炳焕彌光剋過
拾遺庤清八荒奉勲承枸
綏億衙彊春宣聖恩秋贶
若霜無偏蕩匕

漢楊孟文石門頌
松窗临

褚德彝隶书临石门颂轴

墨笔纸本
民国

纵 99 厘米
横 49 厘米

褚德彝（1871—1942），
近代篆刻家，浙江余杭人。
原名德义，避宣统讳更名
德彝，字松窗、守隅等，
号礼堂。书宗褚遂良，得
其渊源，隶书学汉礼器碑，
功力最深。著有《金石学
续录》《竹人录续》《松
窗遗印》等。

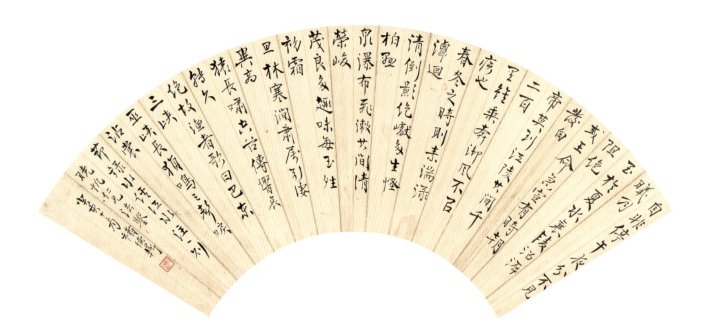

褚德彝行书节录水经注扇面

1923 年

面高 17.5 厘米

俞明仕女图、褚德彝行书成扇

1927 年

面高 19.8 厘米
通高 33 厘米

俞明（1884—1935），字涤凡，
一作涤烦，江苏吴兴人，语霜侄。
关于俞明的生辰，一作 1884 年，
一作 1885 年。性聪颖，幼年在上
海曾习水彩画，后专学陈洪绶、任
颐人物画，尤善画仕女。笔墨沉着，
意境清雅。亦工画肖像、花卉。

羲孝古真語追賈

字載雄深文學韓

襍漢韡勒俏孔廟禮器碑字

己巳季夏五褚德彝

褚德彝隶书礼器碑七言联

墨笔纸本
1929 年

单幅：纵 123 厘米
　　　横 27 厘米

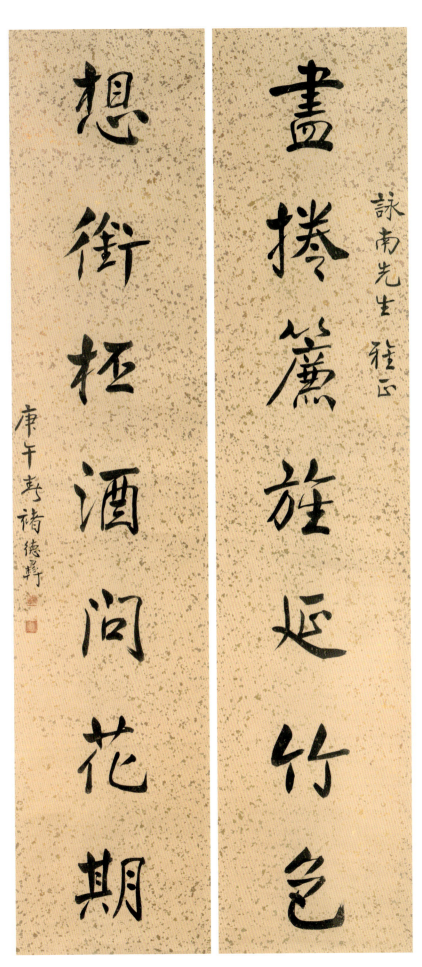

想衔杯酒问花期

画捲簾旌延竹色

詠南先生 雅正

庚午春 褚德彝

褚德彝行书七言联

墨笔纸本
1930 年

单幅：纵 169.5 厘米
横 37 厘米

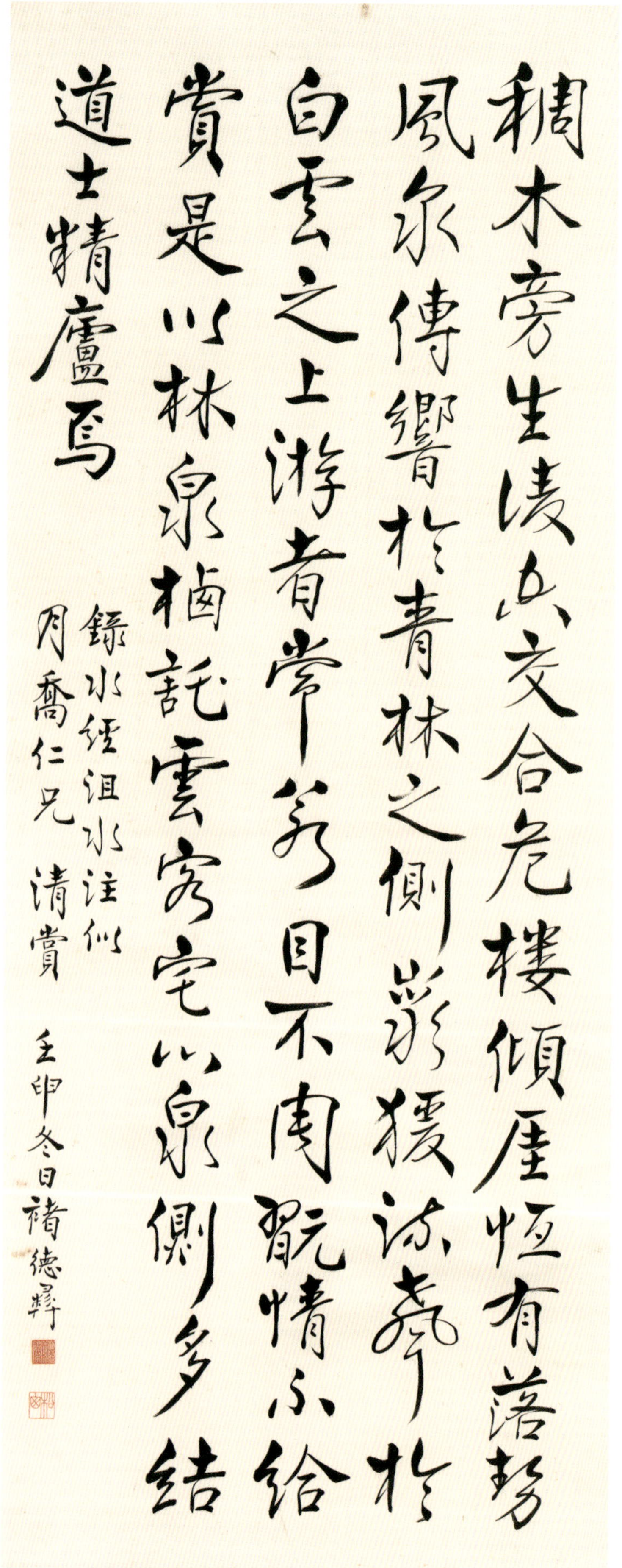

稠木旁生凌�交合危楼倾崖恒有落势风泉传响於青林之侧影猿流声於白云之上游者常若目不周玩情不给赏是以林泉栖託云窝宅以泉侧多结道士精庐焉

录水经沮水注似
乔仁兄 清赏
壬申冬日褚德彝

褚德彝行书节录水经注轴

墨笔纸本
1932 年

纵 110.5 厘米
横 45.3 厘米

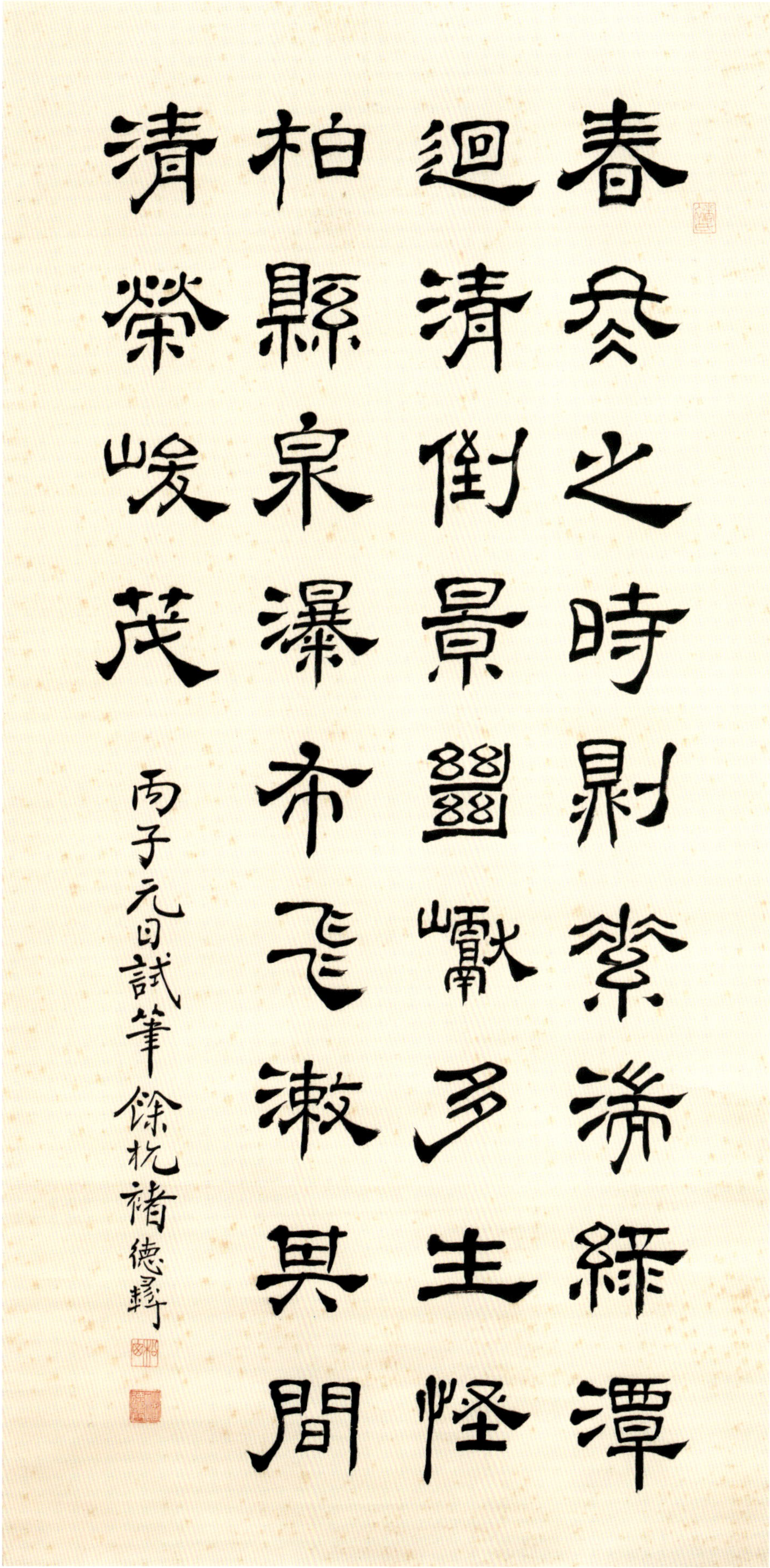

春冬之時則素湍綠潭迴清倒景絕巘多生怪柏懸泉瀑布飛漱其間清榮峻茂

丙子元旦試筆 徐杭褚德彝

褚德彝隶书轴

墨笔纸本
1936 年

纵 107 厘米
横 53.8 厘米

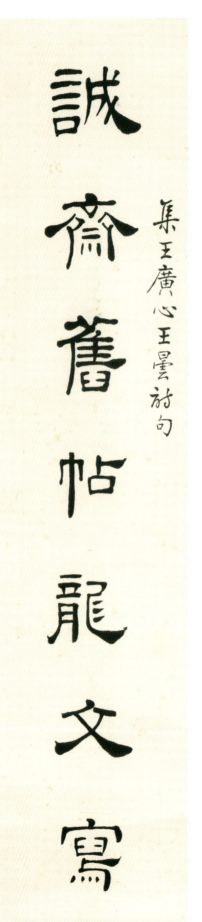

诚斋旧帖龙文写

卜宋新书蠹泪多

集王广心王昙诗句

辛巳秋九月松宾遯叟褚德彝

褚德彝隶书七言联镜片

墨笔纸本
1941 年

单幅：纵 99.3 厘米
　　　横 21 厘米

樊浩霖竹石、褚德彝隶书成扇

1941 年

面高 18.7 厘米
通高 31.2 厘米

樊浩霖（1885—1962），字少云，崇明人。幼年从父习画，早年学西画，后随陆恢学习山水画，曾任苏州美专教授、上海文史馆馆员、上海中国画院画师、中国美术家协会会员及上海分会会员、上海中国书法篆刻研究会会员，农工民主党党员。山水画受石涛等的影响，长于画云、烟雾和柳树等江南景致。

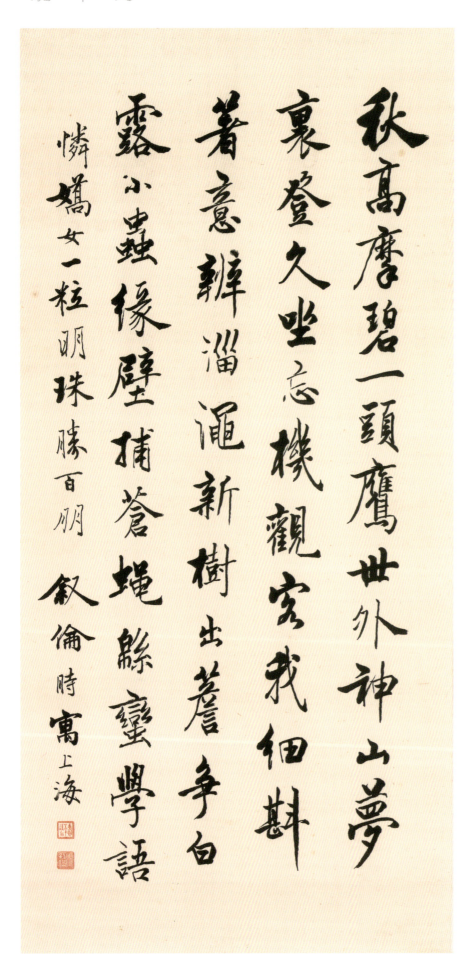

秋高摩碧一頭鷹世外神山夢
裏登久坐忘機觀客我細料
著意辨淄澠新樹出薔爭白
露小蟲緣壁捕蒼蠅絲蠡學語
憐媚女一粒明珠滕百朋
叙倫時寓上海

马叙伦行书自作诗轴

墨笔纸本
民国

纵 64.5 厘米
横 30.5 厘米

马叙伦（1885—1970），字彝初（又作夷初），号石翁、寒香，晚年又号石屋老人，浙江余杭人。中国语言文字学家、哲学家、教育家、书法家，曾任中国民主促进会主席和民主同盟中央副主席。作书腕肘并悬，指臂齐运，擅楷、行兼及篆凝练。于秀丽中含劲健之姿，清远简穆，风神竣朗。

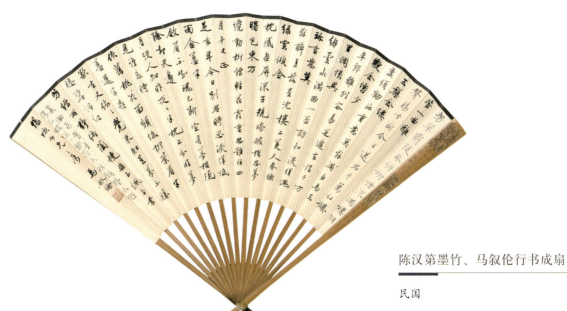

陈汉第墨竹、马叙伦行书成扇

民国

面高 18.6 厘米

通高 32 厘米

陈汉第（1874—1949），字仲恕，号伏庐，室名千印斋。浙江杭县（今杭州）人。清季翰林，辛亥革命后历任总统府秘书，国务院秘书长、参政院参政、清史馆编纂等。晚年寓上海，擅写花卉、枯木竹石，尤爱好金石，藏印甚富，为中国画学研究会发起人之一。

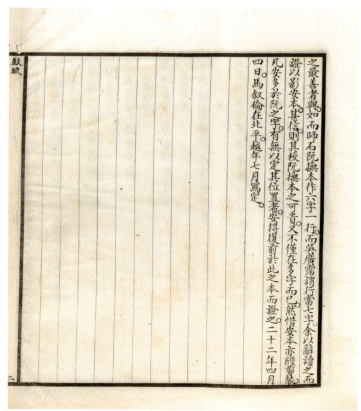

马叙伦《石鼓文疏记》

印本
1934 年

纵 34 厘米
横 28.5 厘米

石鼓文疏記引解

癸流逆沔滋濟君殿泊自廊以方
右第一鼓

泛丞皮汧漁滿烹帛鯉盌氏鮮孔復泾趍鼻柳
右第二鼓

午我嗣除帥阪為世峯亞箬
右第三鼓

避既嘉申康母公謂如余
右第四鼓

吳敬觀寵戲用寓驌
右第五鼓

桼秋四鳳六章趙矯禽異
右第六鼓

田勒馬簡旛騼隴邊陝宮秀寺趩大各亞
右第七鼓

石鼓文
右第八鼓

同騟鼎斿求梓茲雙逸歐
石弟八鼓

洀是倅嗣王古
右弟九鼓

騘敫
右第十鼓

石鼓為春文公時作物考

新拓石鼓文

阮氏撫天一閣宋拓本石鼓文

安氏十鼓齋宋拓中甲本石鼓文 附簡釋

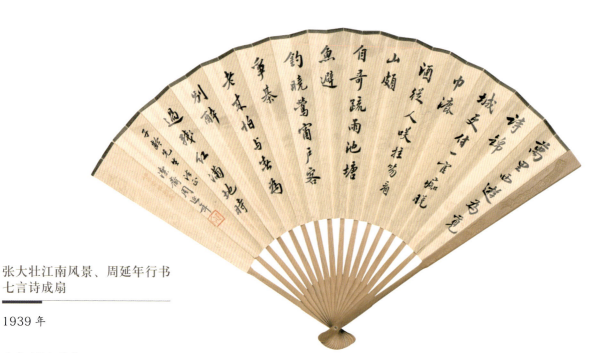

张大壮江南风景、周延年行书
七言诗成扇

1939 年

面高 18.4 厘米
通高 31.3 厘米

张大壮（1903—1980），浙江
杭州人。原名颐，又名心源，后
更名大壮，字养初，号养卢，别
署富春山人。章炳麟（太炎）外
甥。与江寒汀、唐云、陆抑非合
为现代四大花鸟画家，被合称花
卉画的四大名旦。

张大壮海棠、王福庵隶书成扇

1945 年

面高 18.6 厘米
通高 31.9 厘米

王福庵（1880—1960），原名禔、寿祺，字维季，号福庵，以号行，别号印奴、印佣，别署屈瓠、罗刹江民，七十岁后称持默老人，斋名麋研斋。浙江杭州人。现代书法篆刻家，"西泠印社"创始人之一。

张大壮水凫图轴

设色纸本
1977 年

纵 68.5 厘米
横 33.5 厘米

金梁篆书七言联

墨笔纸本
民国

单幅：纵 171 厘米
横 39 厘米

金梁（1878—1962），初字锡侯，后改称息侯，姓瓜尔佳氏，晚号瓜圃老人。金梁的书法风格主要分为行草书和篆书，从现存的书作来看，他早年受过系统的馆阁体训练，对帖学书法下过不少工夫，其最初习楷书似从唐欧阳询入手，行草书则带有一定的唐人风貌，结字和用笔存浓郁的《淳化阁帖》味道，气格类晚明人书法。

谢公展、商笙伯等人合作
九秋图轴

设色纸本
1933 年

纵 131 厘米
横 68 厘米

谢公展（1885—1940），名寿，一作鸁，字公展，以字行，江苏丹徒（今镇江）人。近现代画家。曾任南京美术专科学校、上海务本中学、上海美术专科学校、新华艺术专科学校、暨南大学国画科学教授。

商笙伯（1869—1962），名言志，号安庐，嵊县（今嵊州）长乐镇人。清光绪三十二年（1906）任江西省湖口知县。擅长花鸟、草虫，偶作走兽、人物。曾为上海文史馆馆员、上海国画院画师、中国美术家协会会员。

吴东迈篆书七言联

墨笔纸本
1936 年

单幅：纵 148 厘米
　　　横 26 厘米

吴东迈（1886—1963），
又名吴迈，浙江安吉人，
吴昌硕第三子。曾任昌明
艺术专科学校校长、上海
中国画院画师、中国美协
上海分会会员、上海文史
馆馆员。海派代表画家。

王个簃红梅图轴

设色纸本
1936 年

纵 135 厘米
横 46 厘米

王个簃（1897—1988），名贤，字启之，江苏海门人。曾任上海新华艺术大学、东吴大学等院校教授，上海画院副院长、中国美术家协会理事、美术家协会和书法家协会上海分会副主席、西泠印社副社长等。海派名家。

陆维钊万古长春图轴

设色纸本
1961 年

纵 133 厘米
宽 50 厘米

陆维钊（1899—1980），原名子平，字微昭，晚年自署劭翁，浙江嘉兴新仓人，书法家。南京高等师范文史地部毕业。曾在圣约翰大学、浙江大学、浙江师院、杭州大学任教。曾任政协浙江省第三、第四届委员，中国美术家协会浙江分会理事。精书法，擅山水、花卉画，擅治印。

阮性山、陆抑非、诸乐三雪梅山楂
图轴

设色纸本
1964 年

纵 135 厘米
横 67 厘米

阮性山（1891—1974），名继曾，号
木石、木石湖，晚号木石翁。浙江杭
州人。工诗词，尤擅画墨梅，曾任浙
江文史馆馆员，为西泠印社社员。

陆抑非（1908—1997），名翀，字一飞、
抑非，号非翁。江苏常熟人。曾任中
国美术学院教授及研究生导师、西泠
书画院副院长、常熟书画院名誉院长、
西泠印社顾问，浙派代表画家。

诸乐三（1902—1984），名文萱、
字乐三，号希斋，别署南屿山人。浙
江安吉人。曾任中国美术学院教授、
西泠印社副社长、中国书法家协会名
誉理事、中国美术家协会浙江分会副
主席。

陆抑非、周天初、阮性山瓶梅图轴

设色纸本
1934 年

纵 66 厘米
横 44 厘米

周天初（1894—1970），浙江奉化人，居杭州。擅长油画、中国画。曾任浙江杭州市一师、女师、杭师等美术教员，杭州艺术专科学校讲师、英士大学艺术系副教授。

诸乐三、陆抑非、周天初
青松牡丹图轴

设色纸本
1964 年

纵 135 厘米
宽 67 厘米

陆抑非、张天奇、阮性山花鸟图轴

设色纸本
1964 年

纵 67 厘米
横 45 厘米

张天奇（1901—1983），字九峰，江苏无锡人，手指画家。幼年嗜画，到上海后得名师指点。后弃笔用指，能画山水、佛像、花鸟。曾任奇峰国画学校教务主任，兼上海美专教师。

潘天寿、吴茀之梅石图轴

墨笔纸本
1964 年

纵 133 厘米
横 66 厘米

潘天寿（1897—1971），名天授，字大颐，自署阿寿、雷婆头峰寿者等。浙江宁海人。擅画花鸟、山水，兼善指画，亦能书法、诗词、篆刻。历任中国美术家协会副主席、美协浙江分会主席、浙江美术学院院长。现代浙派画家领军人。

吴茀之(1900—1977)，名士绥，以字行，号溪子，别署广明畸士，又号逸道人。浙江浦江县人。擅长写意花鸟，间作山水、人物，亦自气格不凡。中国花鸟画大师，现代浙派画家代表人物。

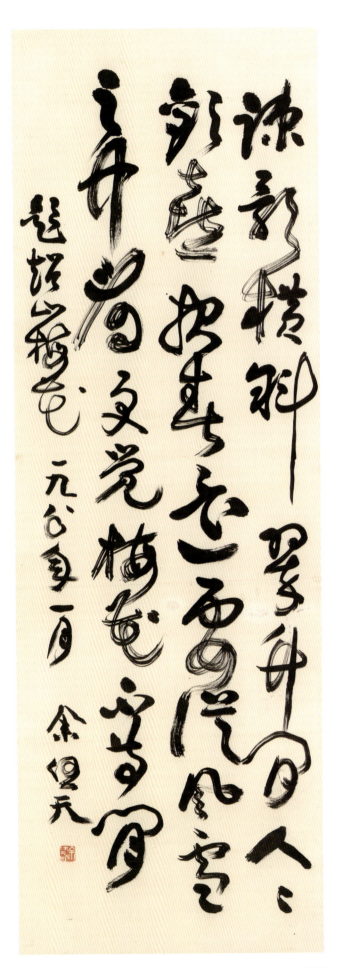

余任天草书诗轴

墨笔纸本
1980 年

纵 135 厘米
横 46 厘米

余任天（1908—1984），字天庐，
浙江诸暨人，是新浙派绘画的重
要奠基者和代表人物之一，浙江
现代美术史上诗书画印兼擅的艺
术大家。曾任西泠印社社员、杭
州市美术家协会副主席、杭州逸
仙书画社社长、浙江省文史研究
馆馆员。

诸乐三墨梅图轴

墨笔纸本
1981 年

纵 67 厘米
横 44 厘米

海云洞石碑拓片

捐赠
纵 78 厘米，横 76 厘米

"海云洞"摩崖石刻目前尚存约 30 处，主要是两宋、明代中期、清代后期和民国早期所刻，时间跨度近千年，题材涉及人物造像、诗词题咏、民间宗教等，内容丰富，是极其珍贵的文化遗产。

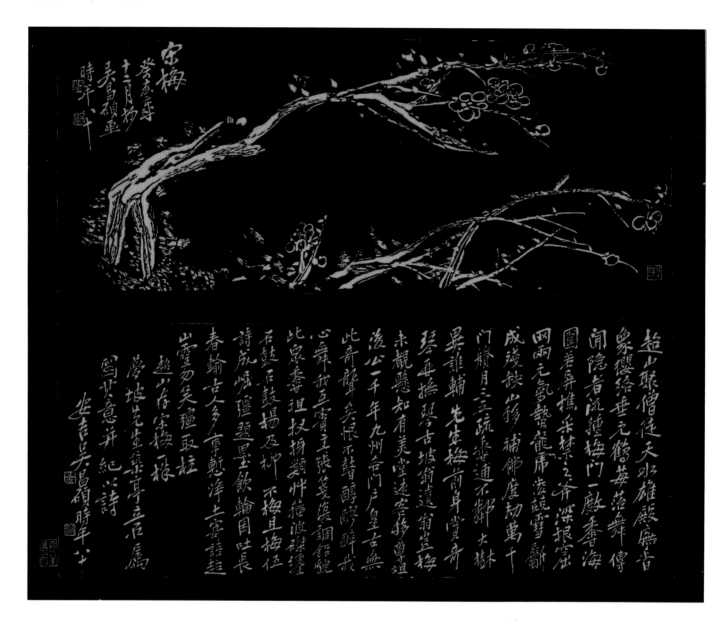

宋梅图碑及拓片

捐赠

横79厘米，纵64厘米

吴昌硕画，黄良起刻。上镌老干梅花数
枝，疏影横斜，高低错落，风雅高洁，
左上题"宋梅 癸亥年十二月抄 吴昌硕
画 时年八十"。

后记

　　2023 年，杭州市临平博物馆已成立二十周年，作为博物馆人的我们，一直在思考，应该以什么样的形式来为博物馆庆祝它的二秩芳华。一场展览，一场活动，似乎不足以表达我们对博物馆的全部思考、归属与感情。最终，我们决定编撰一本图录，让这本图录作为临平博物馆成立二十周年的锚点，回望过去，启航未来。

　　在选定图录的内容时，我们一致决定回归博物馆的初心，以新增馆藏文物作为图录的主要内容。馆藏的每一件文物，都曾辗转于古人之手，历经时光与岁月长河的洗礼归于此处，它们既展示着中华文化深厚绵长的历史底蕴，也见证了二十年飞逝光阴里博物馆工作者的辛勤汗水。在经历了三个月的资料整理工作与校对后，这本图录终于得以顺利出版。

　　本图录的资料收集和整理工作，在陈列艺术部与典藏研究部的齐心协作下顺利完成。从文物图片的拍摄、尺寸的核对到器物描述的完善补写，尽管手头工作繁多，心中却不觉疲累，仅希望能够把文物最好的状态呈现给读者，将对博物馆的美好祈愿寄予本书。

　　本图录由吕芹馆长、于秋娜副馆长统筹策划，他们确定了图录的主题内容、重点文物和整书的大体框架。陆文宝作为学术顾问，对具体的文字内容提出许多极具价值的修改意见。张苏、胡晓鹿提供了图录中大部分文物的照片及尺寸信息，她们在库房与展厅中不停穿梭，完成了藏品信息的校对整理。张婉颖、季缘秋在馆藏资料的基础上，不断校对完善，撰写完成了图录的主体文字内容。文物出版社为本图录的编辑付出了诸多辛劳，在此一并致谢。

　　图录定格了临平博物馆二十年的时光，也期望能为后人研究本馆的文物和临平历史文化提供些许帮助。限于时间紧迫和编写者水平限制，本书的编纂还是留下了一些遗憾，有疏漏、谬误或不当之处，还请专家和广大读者斧正。

编者

2023 年 12 月

杭州市临平博物馆
HANGZHOU LINPING MUSEUM